Ex libris Jacobi Michaelis
De la Rochemaillet Regij in
suprema Monetarum Galliae —
Curia Consiliarij Catholici.

Quis ut Deus?

LE DENIER ROYAL.

TRAICTÉ CVRIEVX DE L'OR ET DE L'ARGENT

A MONSEIGNEVR LE COMTE DE SCHONBERG CHEVALIER des Ordres du Roy & Superintendant des finances de France.

Par

SCIPION DE GRAMONT SIEVR DE SAINCT GERMAIN SECRETAIRE ordinaire de la Chambre du Roy.

A PARIS,

Chez TOVSSAINCT DV BRAY, ruë sainct Iacques, aux Espics-meurs: Et en sa boutique au Palais en la Gallerie des prisonniers.

M. DC. XX.

A TRES-ILLVSTRE SEIGNEVR HENRY DE SCHONBERG Comte de Nantheuil & de Durestal, Cheualier des Ordres du Roy, Conſeiller d'Eſtat & Priué, Capitaine de cent hommes d'armes, Gouuerneur de la Marche, Lieutenant general pour ſa Majeſté en Limoſin, Collonel de quinze cens cheuaux Reiſtres, Mareſchal de Camp, General des Allemans ſeruans en France, Mareſchal de Camp és armées de France, & Surintendant des finances.

MONSEIGNEVR,

S'il eſt vray ce que diſoit vn ancien, que l'Argent eſt le premier ſang, & le nerf le plus puiſſant de l'Eſtat, le Roy ne pouuoit mieux teſmoigner l'affection qu'il vous porte, ny l'eſtime qu'il fait de vos merites qu'en vous confiant ſon threſor, pour en eſtre le ſouuerain Oeconome & diſpenſateur, ayant trouué voſtre fidelité de ſi bon alloy qu'elle ne ſe lairra iamais falſifier par aucun meſlange de particulier intereſt, puis qu'apres plusieurs touches qu'elle a par cy deuant ſouſtenu és plus importantes charges qu'il a pleu à ſa Majeſté vous donner, elle a finallement paſſé par le cimẽt Royal, ou le temps fera voir qu'il n'y a rien en vous qui ne ſoit fixe & conſtant en ſa pureté.

Permettez moy ie vous ſupplie de me ſeruir des termes tirez du ſuiect que ie traicte, et de continuer à dire en meſme ſtyle que vos vertus marquées au coing du vray François ſont les viues medailles ou l'honneur agraué tous les traicts de vos perfections, pour seruir de modelle au siecle present, & de memoire au futur, par tout où vostre merite leur donra cours, c'est à dire par toute l'Europe en laquelle non seulement la France, mais encore l'Italie, l'Allemagne, & la Flandre ont seruy de theatre sur lequel vostre gloire a paru en son plus beau lustre, auec tel esclat que vostre vie plus chargée de triõphes que d'ãs donne autant d'instruction que d'admiration à la noblesse Françoise.

Ie ne me suis pas proposé de faire icy vn Panegyrique de vos loüanges, c'est vn suiect qui demande vn volume à part, & vne langue qui sçache aussi bien dire que vous sçauez bien faire, i'aurois bien le courage de trauailler en ce champ, si ie me pouuois promettre tant d'heur que ma plume en peut tracer dignement quelque chose, mais ie veux laisser ce deuoir aux escriuains de ce temps, sur lesquels vous auez cest auantage que vous pouuez faire beaucoup de belles choses sans eux, mais ils ne sçauroient faire leur histoire sans vous.

C'est là que l'on peut voir la noble & ancienne origine de vostre illustre maison auec les rangs & charges honnorables que vos deuanciers ont eu aupres des Rois et des Empereurs, on y lit vostre education, où desia sur le premier aage vous portiez sur le front les marques d'vne future grãdeur. On sçait assez que dès l'aage de quinze ans vous commendiez à cent cheuaux, et que vos ieunes ans se sont passez aux combats aux rencontres, & aux sieges des villes, tesmoing celuy de Roüen ou vous donnastes au feu Roy des bõs tesmoignages de vostre courage.

Estant venu le siege de la Fere, on vous iugea capable de commander en cest aage à vn regiment de trois mille Lantsquenetz, et de garder deux des plus importans forts qui fussent à l'entour.

On vous vit par apres au siege d'Amiēs tenir tousiours pied à boule l'espace de cinq mois entiers sans en bouger, & en rapporter vn tesmoignage fort honnorable de tout plein de gens de bien et de qualité, qui vous virent en toutes les occasions y faire genereusement, passant beaucoup de nuicts dans les tranchées, et de iour escarmouchant & attaquant iusqu'aux barrieres des portes de la ville non sans essuyer beaucoup d'arquebusades et de si pres que vous eustes vn cheual dessous vous tué d'vn coup de pique & vn autre d'vn coup de mousquet.

De là vous suiuistes le Roy deuant Dourlan, & assistant à tout ce qui se passa aux approches, et l'accompagnant au voyage de Sauoye, vous vistes tout ce que les occasions bien recherchées vous peurent permettre.

Le feu Roy vous ayant faict son Lieutenant general en Limosin vous donna charge d'y conduire quatre compagnies du Regiment des gardes, et deux compagnies de cheuaux legers que vous tintes cinq mois aupres de vous en l'année 1608.

Deux ans apres lors que le feu Roy voulut entreprendre le voyage de Juilliers, il vous donna charge d'vn de ses vieux regimẽs, iugeant sa Majesté qu'il en seroit dignement seruy.

Je ne dois passer sous silẽce le voyage de Guyenne, 1616. durant lequel vous fustes enuoyé en vos charges, ou vous sceustes si bien contenir la noblesse & les villes en leur deuoir que personne ne s'esloigna du seruice du Roy, et ayant receu commandemẽt de sa Majesté de l'aller trouuer en diligence à Bordeaux vous luy menastes trois cens maistres.

En toutes les occasions qui se sont presentées où il alloit du seruice du Roy vous n'auez non plus espargné vostre peine que vostre bource: car ayant receu commandement du Roy de leuer quelques troupes pour ioindre son armée en Xaintonge, vous fistes incontinent trois cens maistres et quatre cens carabins, le tout à vos despens les tenans sur pied six semaines sans auoir demandé au Roy du remboursement pour ceste despence.

Tous ces exẽples donnẽt des tesmoignages tres-amples de vostre suffisãce, prudence, obeyssance, franchise et liberalitè, qui sont des vertus recommandables à vn grand personnage tel que vous estes, mais cela seroit peu si elles n'estoient accompagnées du courage & de la valeur de laquelle vous auez donnè de telles preuues que ceux qui auront l'honneur d'estre commandeZ par vous en quelque armée pourront dire de vous ce que disoient les Macedoniens d'Alexandre le Grand qu'il commandoit en Capitaine et combattoit en soldat : car on vous a veu tousiours bien faire en quelque occasion qui se soit presentée, tesmoin ce regiment de six cens hommes de pied et deux cens Carabins que vous defites en Limosin auec quarante Gentilshommes et cent carabins seulement en ayant tué vne partie le reste mis en fuitte et pris deux cens prisonniers.

Quel tesmoignage de vostre valeur rendit Monsieur le Mareschal de Praslin quand luy estant Mareschal de camp en l'armée et donnant luy dix huictiesme dans trois regimens des ennemis, il vous y vit si biẽ faire et en rapporter un drappeau?

Ie ne veux oublier icy l'honnorable commission que vous eustes l'an 1617. d'auoir esté enuoyé Ambassadeur en Allemagne, & faire une grande leuée d'estrangers, dequoy vous vous acquittastes auec diligence & dexterité la conduisites en France y ayãt la charge de Mareschal de camp, et de Colonel de quatre mille hommes de pied.

Mais voyant la paix dans le Royaume vous desirastes passer en Piemont auec vostre regiment, & sous le bon plaisir du Roy, fustes l'espace de trois mois au seruice de Monsieur le

Duc de Sauoye qui vous donna la charge de Mareschal de camp en son armée, ou vous fistes bien tost paroi- stre ce que vous sçauiez faire dõnant tout d'abord de la ioye & de l'eston- nement tout ensemble à ce braue Prin- ce, de vous voir inuestir des forts, prendre des places en moins de rien & des plus importantes comme vous fistes sur l'Estat de Milan tesmoin le Chasteau de Refrãcore, celuy de Qua- torze, & la ville d'Annoné ou vous eustes vne mousquetade qui vous per- ça le collet de buffle; & ne fistes point de difficulté d'attaquer la place dans laquelle il y auoit deux mille hõmes; et la forcer en plein iour allant en pourpoinct à cheual à la teste de vostre battaillõ iusqu'au bord du fos- sé de la ville.

Depuis au commencement de l'an- née 1619. sur les mouuemens qui pa-

uurent en ce Royaume vous receustes commandement de sa Majesté de vous en aller és susdites Prouinces de la Marche & Limosin pour y contenir en deuoir et obeyssance la noblesse, & les autres subiects du Roy qui sembloient auoir pour lors quelque alteration en leur fidelité ou vous seruites auec telle passion, vigilance & dexterité que l'authorité de sa Majesté y demeura entiere. L'on peut dire sans vanité que ce fut là vn champ particulier & vn theatre de vostre gloire, car il n'y auoit là que pour vous, on n'entendoit parler que de vous en tout ce païs d'Agoulmois, Xaintonge & Limosin, soit pour attaquer des places et les prendre quand & quand comme vous fistes Usarche, soit pour les defendre contre l'ennemi qui se mit aux champs auec vne armée, & fit marcher le ca-

non pour empescher vos desseins soit pour tenir la campagne auec huict cornettes de Cauallerie, & deux mille hommes de pied qui furent leuez en moins de quinze iours, tellement que sans vous qui fistes reluire en ces lieux l'authorité & la puissance du Roy il n'y a point de doute que la guerre eut faict un plus long progrez, & que vous aidastes beaucoup à pacifier tous ces differens en faueur de la France qui apres le Roy vous en est particulierement obligée.

Ayant licentié vos troupes par le commandement du Roy vous le vintes trouuer à Tours ou sa Maiesté vous fit le meilleur accueil que l'on sçauroit dire, & pour tesmoignage de la confiance qu'il a en vous, & de l'estime qu'il faict de la probite & suffisance de vostre personne, desirant recognoistre vos merites pour auoir vtillement, dignement, affectionnément et tres-fidellement serui, vous a appellé à ses plus particuliers conseils, et honoré de la charge de Surintendant de ses finances.

Ceste derniere charge est celle qui couronne toutes les autres, qui leur donne du lustre, & de l'approbation, pour estre non seulement honnorable, mais encore tres importante, i'oseray dire au pair de celle du Connestable: car les armes et les finances sont les deux arcboutans sur lesquels tout le fais de l'estat se repose, mais tellement situez que l'vn est aussi necessaire que l'autre, ce sont deux nerfs si bien liez ensemble que l'vn ne peut rien sans l'autre, si l'vn meut, l'autre donne le bransle, si l'vn execute, l'autre ayde à executer, et si l'on y doit remarquer quelque inesgalité l'auantage sera tousiours du costé des finãces, car sans *argent vous n'auez point d'hommes, les armes demeurent aux atteliers, les espées dans le fourreau, rien ne se meut sans se premier mobile, c'est le sang qui anime tout, et le tambour battant qui fait expedier les leuées. Sans armes et sans armées les forts inexpugnables se rendent au son de ce metal, c'est la pluie d'or qui entre dãs les tours les plus fortes & mieux gardées, et oste des liens & des chaisnes les plus grands Rois quãd le malheur les y a iettez, d'où les armées entieres ne les pourroient iamais retirer. Ce n'est donc sans raison si le Roy ayant par cy deuant recogneu que vous sçauiez si bien manier les armes, a creu que vous sçauriez aussi bien manier ses finances, et iugeant qu'elles auoiẽt plus de besoin de vous, que vous n'auiez besoin d'elles, a faict iouër les ressorts de sa Royalle* sagesse, pour faire vn tel choix de vostre personne, se promettant quand et quand, que vous n'espargnerez ni soing ni industrie, pour faire que son espargne face d'oresenauant quelque espargne et reserue. Et que tout ainsi comme Salomon fit en sorte qu'il y auoit de son temps en Hierusalem plus d'argent que de pierres, comme dit l'histoire sacree, vous ferez en telle maniere qu'il y aura bien tost dans la Bastille plus de millions que de canons.

Et de faict ceste poudre doree qui qui prend & esclatte sans feu quand elle est preparee, est celle qui faict bruire noz machines de guerre, & leur faict faire de plus grandes faucees que la poudre à canon. C'est elle qui prend les villes, comme disoit Philippe de Macedoine, et qui rendra la France redoutable au dehors,

& paisible au dedans. A quoy deuant contribuer tous les bons François, un chascun suyuant ses moyens, i'y viens apporter mon denier, qui est ce petit traicté des Finances, lequel ie vous supplie, MONSEIGNEVR, vouloir receuoir d'aussi bonne volonté que vous l'offre.

Vostre tres humble & tres-obeïssant seruiteur.

SCIPION DE GRAMONT.

ADVERTISSEMENT au Lecteur.

N'AYANT diuisé ce petit traicté du Denier Royal par chapitres, ny faict aucune table d'iceluy, i'ay voulu icy comme par maniere d'aduis, vn brief sommaire des principales matieres que i'y traicte, qui sont les suyuantes.

De la necessité & commodité de la monnoye.

Des diuerses matieres dont on fait les monnoyes par tout le monde.

Sur quoy se doit fonder l'estime & valeur de toutes choses.

Que l'or & l'argent sont le vray prix de toute chose materielle.

Quatre diuerses conditions qui font priser les choses.

Que l'opinion, ou la folie des hommes fait priser excessiuement ce qui de soy ne vaut guiere.

Que l'abondance r'aualle le prix de tout.

Que rien n'a renchery despuis cent ans & plus, contre la commune opinion.

D'où est venuë la grande quantité d'or & d'argent qui est en Europe.

En combien de manieres ces deux metaux se perdent auec le temps.

Des thresors & de l'argent caché.

Des reuenus des Rois & Princes qui regnent auiourd'huy, & ce qu'ils tirent de leurs estats.

Estranges manieres d'exactions des anciens sur le peuple.

Si la France est plus ou moins foulee que les autres Royaumes.

Si les François sont maintenant plus chargez de tailles & impositions soubs le Roy Louys XIII. qu'ils n'estoyent soubs les autres Rois ses predecesseurs.

Quelques aduis à la descharge du peuple.

Au reste si quelqu'vn trouue excessiues certaines sommes contenuës en ce discours, ie le prie de cõsiderer que c'est vne erreur de vouloir prendre pied sur la France, pour iuger des autres pays, comme font plusieurs, à qui toute chose est incroyable qui s'esloigne de nos vsages. Ie m'attends bien encore d'estre conterollé, en ce qui touche les reuenus des principaux Rois & Princes qui regnent pour le iourd'huy, parce qu'on les trouuera differens de ceux que raporte le curieux Vigenaire sur Tite Liue, mais qu'on regarde qu'il parle de son temps, & que tout a bien augmenté despuis. D'autres se voudront regler sur ce qu'en a escrit le Botere en ses Relations, & apres luy l'autheur des Estats & Empires qui l'a suyui quasi mot à mot en cecy. Mais pourquoy faut-il plustost croire vn estranger qu'vn François, principalement en ce qui regarde la France.

I'apporte encore icy plusieurs recherches & particularitez, touchant l'Estat & affaires de France, desquelles vn chacun voudra iuger à tort & à trauers, penſant y eſtre aſſez entendu: Mais le ſage Lecteur iugera s'il vaut mieux croire des gens qui ſans eſtre autrement informez des choſes, veulent fonder la verité d'icelles ſur leur imagination, que ceux qui ont eſté curieux de feuilletter les anciens regiſtres de la Chambre des Comptes, de la Cour des Monnoyes, de la Chambre du threſor, du Greffe, & de la maiſon de ville, outre beaucoup de bõs memoires des gens verſez en ces matieres, ſans ſe fier temerairemẽt à ce qu'aucuns en ont eſcrit, peut eſtre plus hardiment, mais moins exactement, pour donner plus à la coniecture qu'au teſmoignage, & à l'opinion qu'à la verité.

ADIEV.

SI quelques fautes s'eſtoyent gliſſees dans la preſente œuure, pour la haſte de l'Impreſsion, la ſuffiſance & diſcretion du Lecteur pourra ſuppleer au deffaut, tant aux parolles qu'au ſens, & en quelques nombres, où il y pourroit auoir du meſconte.

Extraict du Priuilege du Roy.

PAr grace & priuilege du Roy, il est permis à TOVSSAINCT DV BRAY, Marchant Libraire iuré à Paris, d'Imprimer ou faire Imprimer, vendre & distribuer vn liure intitulé le Denier Royal, Traicté curieux de l'or & de l'argent, & des Finances, composé par SCIPION DE GRAMONT, sieur de S. Germain, &c. Et deffences sont faictes à tous Libraires, Imprimeurs, ou autres de l'Imprimer, ou faire Imprimer, vendre & distribuer pendant le temps & terme de dix ans entiers & accomplis, à compter du iour que la premiere impression d'iceluy liure, sera acheuee d'Imprimer, à peine de trois mille liures tournois d'amende, applicable moitié au Roy, & l'autre audit suppliant, auec confiscation des liures qui se trouueront contrefaicts, & de tous ses despens dommages & interests, ainsi que plus amplement est contenu & declaré esdites lettres de Priuilege. Donné à Paris le 26. Feburier 1620.

Par le Roy en son Conseil.

Signé,

RENOVARD.

Fautes suruenues à l'Impression.

A l'intitulation Mareschal de camp general des Allemans. p. 23. ligne 10. lisez vendre. p. 32. l. 18. la huictiesme sphere. p. 38. l. 18. ou p. 48. l. 3. vendu. p. 61. l. 5. Et puis qui ne voit que. p. 72. l. 9. nous en auons. p. 80. l. 1. des ventes. p. 93. l. 13. virgules mal mises. p. 102. l. 15. ostez &, p. 105. l. 19. l'Empereur Henry. p. 109. l. 12. estre faux. p. 111. l. 13. qu'il y a. p. 139. l. 8. quotte portion. p. 161. l. 10. Pernjsten. p. 161. l. derniere talers. p. 162. l. 7. ligue Hanseatique. p. 164. l. 12. Sultanins. p. 173. l. 22. montjoyes. p. 183. l. 16. Bonzes. p. 204. l. 9. & garnisons. p. 283. l. 6. cent mille combattans.

Le reste est aisé à corriger de soy-mesme.

LE DENIER ROYAL.

TRAICTANT DES Monnoyes & des Finances.

CE n'eſt pas de touſiours que les hommes ayans gouſté les delices de la ſocieté, viuent comme ils ſont maintenant dans l'enceinte de meſmes murailles, & ſoubs l'obeïſſance de meſmes loix: Car vn temps a eſté que les troncs des arbres ſauuages, les cauernes & les rochers, qui ſeruent de repaire aux Ours & aux Lyons, eſtoient leur domicile ordinaire; d'où la charmante voix des plus ſages & mieux diſans, les retira comme d'vn exil, pour les ramener à vne vie ciuille, & policee de bonnes mœurs. Et quoy que dés lors ils euſſent commencé de ſe baſtir des maiſons telles quelles, ſi ne furent elles de long temps aſſorties de toutes les commoditez dont nous ioüiſſons à preſent par l'inuention des arts mechaniques que l'induſtrie humaine puiſſamment eſueillee, ou par la neceſſité maiſtreſſe des arts, ou par l'auarice accorte & ingenieuſe nous a de ſiecle en ſiecle produit.

Mais il n'y a choſe au monde qui tant accommode les hommes,

&dont ils puiſſent moins ſe paſſer que d'argent, c'eſt à dire la Monnoye, ſoit-elle en metal, ou en autre matiere, de laquelle miſe en detail, on ſe ſert ordinairement pour tous les vſages & commoditez de la vie. Et tellement neceſſaire, que ſans icelle il eſt quaſi impoſſible que le cómerce humain peut longuement ſubſiſter: car il roule ſur ces deux piuots, comme le monde ſur ſes deux poles, à ſçauoir ſur l'achetter & le vendre, ou quaſi tous les affaires du monde vont aboutir. Ie ſçay bien que l'on y peut ſuppleer par la permutation ou eſchange, & que c'eſt ainſi que les hommes du premier aage s'accommodoient enſemble deſpuis que le Mien & le Tien commencerent d'entrer au monde, enfans premier nais de la diuiſion & partage. Ie n'ignore point qu'encore pour le iourd'huy ceſte façon de trafic ne ſoit en vſage parmy les Braſiliens, les Canadiens, & les autres Sauuages, auec leſquels nous auons accouſtumé de troquer nos denrees.

Mais laiſſant à part les incommoditez qu'on y pouuoit trouuer conſiderons maintenant ie vous prie que ce ſeroit de nous ſi nous en eſtions là reduits, qu'on nous oſtât tout a faict l'vſage de la Mónoye par vn deſcry general, qu'il nous falluſt mener vn bœuf ou vne vache à la boutique d'vn marchant pour en auoir des eſtoffes. Mais qu'elle pitié ſeroit-ce quand il nous conuiendroit aller par pays, & faire vn long voyage de deux ou trois cens lieuës ſans denier ny maille? Il faudroit par necessité porter de viures auec soy, pour plus de quinze iours, comme faisoient les soldats Romains, principalement ceux de Marius, qu'on appelloit des mulets, parce qu'ils marchoient ordinairement chargez cóme des baudets, tát de leurs viures que de leurs armes, & de six pieux qu'vn chascun estoit tenu de porter auec soy pour faire tout incontinent la stecade, ou closture du cáp, ou pour vn mois encore, comme font les Turcs aux longues expeditions contre le Persan, portans des grands bissacs pleins de ris, & de poudre de bœuf salé.

Comment faisoient donc les anciens allans par païs? Il faut bien dire & croire qu'ils se contentoié de peu, & que les fruicts des arbre sauuages, les senelles des hayes, &

les meures des buissós soulageoiét leurs necessitez. Ou bien que la charité estoit si grande en ce téps, qu'on trouuoit à loger & faire bóne chere par tout, sás qu'il en coustat rien qu'vn grand mercy, comme on faict en la Tartarie, où l'hospitalité est en telle recommandation, que les Peres de famille vont au deuant des voyageurs, pour les mener en leurs maisons, dans lesquelles ils les laissent comme les maistres, les recommandans tressoigneusemét à leurs femmes & filles s'ils en ont, lesquelles ils leur abandonnent pour tout le temps que l'estranger y voudra seiourner, eux se retirans cependant chez quelqu'vn de leurs parens ou amis. Ce que ie ne trouue pas si esloigné de creance, veu que pour le iourd'huy par toute la Suede vous estes deffrayé de la bouche en tous les logis, & ne payez rien si vous ne beuuez du vin: Commodité qui prouient ou de la bonté de ce peuple naturellement charitable, ou (ce que ie croy mieux) de la grande abondance des viures que le pais apporte; lesquels on seroit contraint de laisser gaster ez lieux où n'y a nulle traicte, si l'on ne s'en defaisoit en ceste façon. Mais par tout ailleurs, tãt s'en faut que l'on troue ces repuës franches, que mesme ou cuide en estre quitte à bon marché, si on ne vous escorche point au conter, estans asseurez si vous n'auez de l'argent pour payer vostre escot, que le mãteau, ou quelque autre chose y demeurera pour les gages.

D'ailleurs comme ferions nous

ſans argent, pour payer chaſque poſte ou relais, le peage d'vn pōt, ou le nolage d'vne riuiere? Mais que voudrions-nous apporter au marché pour achetter noſtre diſner? faudroit-il donner vne peau d'aigneau pour auoir vn poiſſon, ou bien troquer noz gants auec vn poulet. Que de paroles & diſputes, auant que s'accorder du prix. Voire mais nous ne ſçaurióſ faire l'aumoſne à vn pauure le trouuāt par la ruë, ſi nous ne portions touſiours du pain en nos pochettes. Bref ce ne ſeroit iamais faict ſi ie voulois icy mettre en ligne de cóte toutes les incommoditez auſquelles les hommes ſeroyent reduits par faute d'argēt, ou de monnoye.

D'où nous pouuons toucher au doigt combien l'vſage d'icelle

eſt neceſſaire à la vie, puis qu'elle eſt le fondement & la fin du commerce, comme dit Ariſtote en ſes Politiques, lequel conſiſte quaſi tout aux achapts, & aux vẽtes, qui ne ſe peuuent faire ſans l'argent ou pecune, quoy que die Vlpian, ſinon que nous appellions de ce nom tout eſchange ou permutation. L'argent diſoyent les ſept ſages de Grece eſt le ſang & l'ame des hommes, & celuy qui n'en a point chemine mort entre les viuans. Tu vaincras ô Philippe luy reſpondit l'oracle, ſi tu combats auec des piques d'argent. Quelle eſtime donc en deuons-nous faire, puis que par ſon moyen nous pouuons eſtre aſſortis de tout ce que nous ſçaurions ſouhaicter pour noſtre aiſe & cõtentement, ſans qu'il nous faille trauailler ny nous mettre en peine : car si l'on sçait que nous en ayons quantité, on nous viendra porter dans nos maisons tout ce que nous pourrions desirer. Et bien-heureux celuy qui s'en trouue garny. Car c'est pour luy que les nauires singlét en haute mer iusqu'aux Indes auec tant de perils, pour luy apporter le sucre, la canelle, & les perles: C'est pour luy que trauaillent mille & dix mille ouuriers apres la laine & la soye pour le vestir : c'est pour luy qu'on despeuple la terre d'animaux, l'air d'oiseaux, & la mer de poissons, afin de le nourrir. Bref tout est à luy s'il a de l'argent.

Car l'argent est vn vray Prothee qui se change en tout ce qu'on veut: C'est du pain & du vin, c'est du drap, c'est vn cheual, vne maiſon, vn heritage, vne ville, & vne prouince. Et plut à Dieu que ce ne fuſt vne mittre & vne croſſe, puis qu'on les a par fois pour ce prix là. L'argẽt eſt tout en vertu & puiſſance. Et ne le ſçaurois mieux comparer qu'à la matiere premiere, laquelle ainſi que diſẽt les Philoſophes, cõtient toutes les formes, non pas reellement & de faict, mais ſeulement par puiſſance. Si qu'en ceſte façon elle eſt vne plante, vn mineral, vne pierre, vn animal, & toute autre choſe en quoy nous la voyons transformer, & n'eſt pourtant rien de de tout cela: ainſi l'or & l'argent eſtant par vertu toute choſe en laquelle on le peut changer, n'eſt toutesfois qu'vn metail, & vne choſe la moins neceſſaire que l'on ſçauroit trouuer, combien que les hommes colloquent en iceluy les richesses, & le souuerain bien, qui est vn abus qu'Aristote reprend en ses Politiques, disant, que c'est vne absurdité bien grande, d'appeller biens & richesses ce qui ne peut nous substanter au besoin, ni nous empescher de mourir de faim; apportant là dessus l'exéple de Midas qui cogneust à son dam combien il s'estoit mesconté de demander que tout ce qu'il toucheroit deuint or.

Certes les Baleares auoient meilleure raison, en detestant cóme ils faisoient l'or & l'argent, & ne permettant qu'il eust aucun cours parmy leurs commerces. Mais les peuples de Carmanie faisoient bien plus: car ils achettoient tous les metaux qu'ils pouuoiét trouuer, & au lieu que nous les cerchons dans les mines pour les mettre au iour, ils les ensevelissoient dans la terre le plus profond qu'ils pouuoient, affin que l'auarice ne vint à corrompre leurs bonnes loix & institutions. Mais que direz vous des anciens Ethiopiens qui tenoient l'or si vil & infame, qu'ils ne l'employoient qu'aux liens & chaisnes des malfaicteurs. Acosta raconte que ceux de la Floride trouuans vn sac plein d'or iettoient ce qui estoit dedans & gardoient le sac.

De cecy l'on peut voir que la necessité de l'or & de l'argēt n'est fondee sur la nature: mais sur la volonté des hommes, laquelle venant à changer, ou en oster l'vsage, comme il se pourroit faire, ces metaux ne seroient estimez qu'entant qu'on s'en pourroit seruir pour les vſages de la maiſon, comme on fait des vaſes de cuiure ou d'eſtain, & maintenant reduits en monnoye, ne ſeruent que de gage, ſur lequel les hommes trouuent, comme ſur vne bague, ce qui leur fait beſoin, auec ceſte cōdition toutesfois qu'il n'eſt pas neceſſaire de le retirer, puis que celuy qui l'a s'en peut desfaire entre les mains du premier venu, pour le meſme prix qu'il luy couſte. Car la monnoye n'emprunte point ſa valeur de la matiere dót elle eſt compoſee, mais bien de la forme, qui eſt l'image, ou la marque du Prince, laquelle eſtant empreinte en quelque autre ſuject pour ſi vil & abject qu'il ſoit, ne laiſſera de luy donner ſa valeur, ou d'eſtre receuë pour bonne durant le temps qu'elle aura cours & miſe. Ce que l'on dit eſtre arriué en France du temps de la priſon du Roy Iean, comme teſmoigne Guide Pape, l'argent eſtant tellement eſpuiſé, que l'on fuſt contraint de faire courir de la monnoye de cuir, iuſqu'à ce que le Prince apres quelques annees la racheta toute entierement, n'ayant eſté faict à ſes ſubiects aucun tort ny leſion durant ce temps là, puis qu'auec ces morceaux de cuir vn chaſcun pouuoit ſubuenir à ſes neceſſitez, comme il faiſoit auparauant auec l'or ou l'argent, pour le moins au dedans du Royaume: Auſſi bien la petite monnoye n'a iamais guiere de cours hors l'eſtenduë de ſon païs.

Cet exemple ne ſemblera nullement eſtrange à celuy qui conſiderera que ce n'eſt pas vne chose essentielle à la nature de la mõnoye de la grauer en or, en argent, ou en cuiure, comme nous l'auons maintenant. Car Numa Pompilius en faisoit de cuir, ce qui a esté despuis imité par Federic II. faisant la guerre en Italie, comme rapporte Georgius Agricola Et de nostre temps, durant le siege de Cambray, le Mareschal de Balagny en fit faire pareillement de cuir. Seneque au liure des benefices, faict encores mention de semblable monnoye. En Leiden assiegee par les Espagnols l'an 1574. fut faicte monnoye de papier auec ceste legende, *Pugna pro patria.* Vienne assiegee l'an 1529. en fit battre de plomb. En Flandre s'en est veu d'estain; ce qui n'est pas sans exemple, car Denys de Syracuse en faisoit de mesme

mesme metal. A Angola court vne monnoye faite d'vne certaine toile tissuë des filémens d'vne herbe qui ressemble à l'aloé. Au Mexique, comme rapporte Acosta se mettent en lieu de mónoye les noyaux d'vn fruict que ceux du pays appellent Cacao. Au Perou ils se seruent d'vne fueille qu'ils appellent coca, & l'estiment beaucoup. Au Paraquay des petis coings de fer. A S. Croix de la Sierra du cotton tissu. Et anciennement les Anglois n'auoient pour toute monnoye que des anneaux de fer, comme tesmoigne Cæsar. Et ainsi en beaucoup de lieux parmy le monde on faict courir la monnoye en plusieurs autres matieres bien differentes des nostres, lesquelles neantmoins empruntent leur valeur & leur cours de la loy du Prince, ou du consentemẽt general du païs puisé de la coustume, aussi le mot latin, *Numus*, qui signifie monnoye, vient du Grec νόμος, qui signifie loy, pour monstrer que c'est bien la nature qui donne la matiere de la monnoye, mais la valeur & la forme ne vient que de la loy.

Les Lacedemoniens ne se seruoient pour tout d'argẽt & monnoye que de grosses boules de fer bien lourdes, & bien massiues, ce que Lycurgue leur Legislateur & leur Roy auoit institué à dessein, afin de leur empescher le trafic auec les estrangers, craignant que leur hantise & frequentation ne vint à corrompre leurs mœurs, & pour leur oster encore le moyen d'aller se promener bien loin ez païs estranges, ne pouuans charier quand & eux leurs commoditez. Aucuns adioustent que ce fut encore pour empescher le larcin, estãt biẽ mal aisé de desrober ces lourdes masses de fer. Mais quoy qu'il en soit, ie n'appreuue nullement telle façon de monnoye, & ne voy point comme les Spartiates en pouuoient estre accommodez en ceste façon, mesme dans le païs: Car i'aymerois autãt mener tout l'artirail d'vn canon à vn siege, comme tous ces boulets de fer qu'il falloit necessairement charrier aux foires, & aux villes où le commerce les appelloit. Voire mesme quand leur monnoye n'eust pas esté plus grosse que sõt les balles de nos mousquets, ie ne l'aprouuerois non plus en ceste matiere, estant le fer si suject à la roüille, â deperir, & ſe diminuer par le temps, qui ſeroit vne grande perte à ceux qui tiendroient leur argent oiſif.

Par toutes les terres du grand Negus ou Preſte-jan Roy de l'Ethiopie, ne court autre monnoye que du poiure & du ſel de mine, taillé en quarré, à la façon du cryſtal de roche, de la longueur d'vn doigt, duquel ils ſe ſeruent encore à table en mangeant: car ils en touchent le bout de la langue à chaſque morceau qu'ils mettent dans la bouche, tellement que l'on peut dire d'eux auec bonne raiſon, qu'ils mangent leur argent en ſubſtãce. Et c'eſt vne commodité pour le moins que ces gens là tirent de leur monnoye, que nous ne pourrions tirer de la noſtre. Mais il faut bien en contreeſchange qu'ils ſoient ſoigneux de la preſeruer de l'humidité, de peur que penſans eſtre bien riches, ils ne trouuent vn iour tous leurs moyens fondus, & reduits en eau.

Mais qui ne s'eſtonnera de la monnoye qui court, en Bengala, & tout le long du goulfe Gangetique? car ils ne ſe ſeruent là que de certaines coquilles que l'on va peſcher en certaines Iſles, & qu'on apporte à plains batteaux aux villes maritimes, d'où elles ſe debitent par tout, & s'employent pour beaucoup moins qu'vn bagatin de Veniſe, dont les trenteſix font vn ſou des noſtres. En quoy ie trouue deux notables inconueniens: le premier de faire ſeruir de monnoye vne choſe ſi vile, & qui ſe trouue en ſi grande abondance, qu'il eſt au pouuoir d'vn chaſcun d'en auoir tout autant qu'il voudra, pourueu qu'il vueille prendre la peine de l'aller querir: n'y ayant ni marque ny caractere pour l'auctoriſer. De ſorte qu'en ces quartiers là les peſcheurs ſe peuuent faire les plus riches en peu de temps. Et m'eſtóne comme on ne laiſſe le labourarage & les arts mechaniques, dont le labeur eſt beaucoup plus ingrat, & de moindre rapport que de s'occuper apres la peſche de ces coquilles, puis qu'elles ſe mettent en lieu d'argent. L'autre inconuenient eſt, que ſi ces coquilles viennent à ſubir vn deſcry public, cóme il faut neceſſairement qu'elles facent auec le temps, pour la grãde multitude qu'il y en aura; ceux qui s'en trouueront ſaiſis en grande quantité, ny fairont pas leur profit: car hors de cest vsage qu'elles ont maintenant par la tolerance de la coustume, vous ne vous en sçauriez seruir en rien que ce soit, comme nous pouuons faire de nostre monnoye la plus vile & abiecte: car pour le moins est-elle de metail, & n'ayant plus de cours, on la peut vendre à liures pour en faire des chauderons, des cloches, & des canons.

Les Chinois ont bien meilleure raison, si me semble, de se seruir de l'or en lieu de monnoye courante: non pas marqué ny mis en œuure, mais bien en pieces, & en grains, tellement qu'on peut dire que tout s'achette au poix de l'or à la Chine, ce qu'ils font, comme ils disent, pour oster la multiplicité des especes, qui ne font qu'apporter de la confuſion, & couper ainſi broche à toutes les ſofiſtications & adulterations que l'on faict ordinairement aux pieces monnoyees. Pour le regard des rogneurs, i'aduoüe qu'on leur rogne les aiſles, & qu'on leur retranche tout moyen de faire leurs affaires, comme ils font ſur nos quarts d'eſcus, mais les Alchimiſtes ont là dequoy exercer leurs eſprits & leurs alambics; car ſi noz faux monnoyeurs n'auoient autre peine que de ſubminiſtrer, vne matiere du tout reſſemblante à l'or, & luy donner la couleur & le poids, ils ne feroient point de difficulté de preſenter leurs tiercelets à la touche, & à la fonte (car les autres preuues plus rigoureuſes ne ſe font qu'à l'extremité) mais ce qui plus les ſoucie est la fabrique des pieces, pour lesquelles forger est besoin d'auoir la iumét, ou le coin, ce qui se peut faire sans bruit, & sans que la mine s'esuente. Et plusieurs y en a-il qui donnent assez aisement à leur faux alloy les qualitez apparentes de l'or, mais qui ne peuuent pourtant arriuer à luy donner le vray & legitime son, en quoy les pieces fausses qui autrement eussent passé pour bonnes, sont bien souuét descouuertes. Voila donc comme l'or des Chinois mis en grain & en poudre ne peut encore s'exempter de la fraude, & quand il le pourroit, la mise de cest or despece doit estre bien fascheuse: car outre qu'il faut tousiours auoir le tresbuchet en main, est-il possible qu'on puisse donner si peu d'or, qu'il n'en y ait trop pour payer deux ou trois brins de salade quand il la faut achetter.

En Cathay Royaume de Tartarie ne court autre monnoye que de carton noir, que l'on faict de la peau qui se trouue au dessous l'escorce des arbres, auec la colle en forme de mereaux, ayans pourtant la marque du grand Cam. Mais qui ne void que cela se gaste & se consume facilement.

Ie serois trop prolixe, si ie voulois icy rapporter toutes les diuersitez qui se pratiquent en tout le monde sur ce subiect. Ie diray seulement qu'il n'y a matiere plus propre à faire la monnoye que le metail, & principalemẽt l'or l'argent & le cuiure. De ce dernier se seruoient plus familierement les Romains, comme nous font foy vne infinité de medailles qui se retrouuent tous les iours, dõt l'alloy principal est le cuiure. De là vient qu'ils appelloient leur thresor public non pas argentarium de l'argent, mois Ærarium, de l'airain. Et au lieu que nous auõs accoustumé de dire i'ay perdu mõ argent, ils disoient mon airain; ou bien ma pecune, mot pris de la brebis, qu'ils nomment pecus, en leur langue, parce que la premiere figure qui fut grauee en la mõnoye Romaine fut celle d'vne brebis, du temps du Roy Seruius Tullius, pour monstrer que les principales richesses de ce temps-là, consistoit en quantité de bestail, d'où vient que l'on ne punissoit les crimes que par l'amande de tãt de testes de bœufs ou de moutons, ausquels on estoit condamné par le iuge.

D'autres disent que le premier qui marqua la monnoye en airain fut Saturne : car auparauant on ne se seruoit que de masses de cuiure que l'on donnoit au poids, & d'où est venu le mot de despence & de pension, ce qui s'obseruoit encore en Grece du temps d'Homere, comme on peut voir sur la fin du septiesme liure de l'Iliade. Long temps apres on fit des pieces d'argent qui auoient d'vn costé la teste de Ianus, & de l'autre la prouë d'vne nauire: d'où vient que les Romains ioüans au denier ietté demandoient teste ou nauire, comme nous faisons croix ou pile: car les Empereurs Chrestiens mirent d'vn costé des medailles ou des monnoyes, la croix au lieu de la teste de Ianus, & au reuers laisserent la nauire qui s'appelloit pile d'vn ancien mot François, d'où eſt venu le mot de pilotte. Quelques annees apres on fit des pieces d'or, leſquelles pourtant ſont aſſez rares, & n'en ay veu qu'vn bien petit nombre dans les cabinets des raretez du grand Duc de Toſcane, du Duc de Mantouë, & d'autres Princes d'Italie, qui ont eſté curieux d'amaſſer grande quantité de medailles. Et ſi le Roy en a deux douzaines parmy ſes antiques c'eſt bien le tout.

Comme donc l'or eſt le plus noble de tous les metaux, auſſi eſt-il le plus propre pour ſeruir de monnoye courante, d'autant qu'il ne ſe roüille, ne s'vſe, & ne ſe diminuë par le temps cõme font les autres metaux. Or il importe merueilleuſement que le ſujec̃t auquel nous constituons noz moyens & nos facultez soit constant & durable, & non subiect aux cas fortuits, comme est l'or & l'argent, mais principalement l'or. Le cuiure ne peut endurer la violence du feu, & s'en va tout aussi tost en fumee, si vous le meslez auec l'antimoine ou le plób, l'argent souffre bien la couppelle: mais les eaux de despart le conuertissent en eau, & ne sort iamais du ciment sans quelque diminution de substance, pour n'estre entierement fixe. Mais l'or est, s'il faut ainsi dire, Eternel & incorruptible comme le Ciel: car ny le feu le plus violent, ny les sels mineraux, ny les eaux graduees, ny l'examen le plus rigoureux, ne luy peuuent rauir vn atome de sa substance.

Au contraire, il se plaist & se nourrit dans le feu, comme la Salemandre, d'où il sort apres vn long temps plus brillant, & sans aucune lesion ou diminution, comme tesmoignent ceux qui l'y ont tenu les annees entieres, pensans par ce moyen le ietter hors de sa substance & nature. Mais facent les Alchimistes tout ce qu'ils voudront, ie ne pense pourtant qu'ils puissent iamais arriuer à ceste vraye solution tant recherchee d'eux, qui est la clef du grand œuure, demeurant par ce moyen verifié le dire de Geber, qu'il est plus facile de faire l'or que de le deffaire. Les perles vieillissent, se iaunissent, & ne peuuent resister à la lime du temps. Le Diamant mesme dont la durté ſemble meſpriſer tout effort naturel. ſe voit en peu de temps reduit en poudre, non ſeulement par le ſang du bouc, comme tout le monde ſçait, mais s'altere auſſi grandement au feu, y perd ſon luſtre, & s'y rend fragile; voire meſme ſe briſe facilement deſſous le marteau, comme on a experimenté quelque fois, contre l'opinion du vulgaire. Et ce que vous trouuerez bien plus eſtrange, c'eſt que le Diamant ſe conſume & ſe diminuë par l'vſure du temps, bien que peu a peu, & ſans que ce detriment ſoit ſenſible qu'apres beaucoup d'annees, comme eſt le mouuement de la huictieſme, qui ne faict en deux cens ans qu'vn degré, tellement que nous n'auons pas aſſez de vie pour nous aperceuoir de ce changement ou diminu-

diminution qui ſe faict par atomes, comme l'eau tombant goute à goute creuſe la pierre, laquelle nous ne voyons pas creuſer, mais nous aperceuons bien au bout de quelque temps qu'elle s'eſt creuſee. Ainſi les diamans laiſſez de pere en fils, auec la groſſeur, & le poids que nous meſurons par carats, ſe trouuent peſer quelque peu moins apres vne ſuitte de generations. Mais l'or a ſes parties bié plus liees, & moins ſujectes à la ſeparation, ayans eſté par vne longue digeſtion parfaictement vnies auec la proportion que les philoſophes appellent *ad pondus*. Auſſi eſt-il le dernier œuure de la nature, comme le verre celuy de l'art: car ny l'vne ny l'autre ne peuuent paſſer outre, mais aboutiſſent à ces derniers effects, comme à leur chef d'œuure.

Vne autre condition doit auoir le subiect dont se faict la monnoye, qui est de se pouuoir diuiser en plusieurs parcelles, pour s'accommoder aux plus menuës despences, & aux partitions qu'on est tenu bien souuent d'amener iusqu'aux fractions des fractions, laquelle proprieté ne se retrouuera en aucun metail, ny en autre matiere qu'en l'or: car l'or se reduit en des fueilles si deliees, qu'ő peut aiseement enuelopper vn enfant de deux ans dans vn double ducat. Que si vous le voulez reduire en poussiere, il n'y a fleur de farine qui approche à la subtilité de la poudre impalpable en laquelle le reduit l'esprit du sel ammoniac dont se faict l'eau royalle. Vous pouuez bien reduire en poudre les Diamans & les perles en eau par le ſuc du limon, mais les vns & les autres perdans leur forme, perdent quant & quât leur valeur, ce que ne fait pas l'or, qui retourne touſiours en ſa nature. La perle de Cleopatre du prix de deux cens cinquante mille eſcus, ne vallut plus rien apres qu'elle euſt eſté fonduë dans la coupe d'Antoine, & le diamant amoindrit infiniment ſa valeur, quand on le met en pieces.

Acmet premier du nom auoit vn gros diamant du prix de quatre cens mille eſcus, qu'il portoit au pouce; il luy print fantaſie de le couper en deux, parce qu'il eſtoit trop peſant, & l'incommodoit apres l'auoir faict ſier, chaſque partie ne fut pas eſtimee plus de cinquante mille ſultanins. Le vers de Iuuenal conuenoit encore mieux à ce Prince qu'au Romain Criſpinus, pour qui il auoit eſté faict.

Nec ſufferre valet maioris pondera gemmæ.

Adiouſtez à ces commoditez ceſte-cy encore qu'apporte l'or, à ſçauoir, que nous pouuons porter vn gand threſor en petit volume, ce que ne pouuoient faire les Romains auec leur cuiure; car vingt eſcus ſeulement chargeoiẽt vne charrette, ny les Spartiates auec leurs boules de fer, voire meſme en tirant l'ame de l'or qui eſt ſa teinture, par l'artifice que la Spagyrique promet touchant l'exanimation du Soleil & de la Lune, l'on peut porter dans vne phiole la valeur de toute vne Prouince; ayant ceste ame ou esprit d'or la vertu de pouuoir teindre & fixer tout autant d'argent qu'estoit la quantité de la matiere dont on l'auoit extraict. Et c'est ceste poudre ou reincture que monstra Bragadin à Venise, la voulant faire passer pour la vraye pierre philosophale, auec laquelle il fit beaucoup de proiections tant qu'elle dura, mais estant consumee, sa tromperie se descouurit: car il n'en sçeut iamais faire d'autre, ny là, ny chez le Duc de Bauiere.

Pour toutes ces considerations, & plusieurs autres que ie laisse pour le present, vn chascun peut voir clairement que ce n'est pas sans raison que les hommes ont choisi l'or pour estre le prix de toute chose qui se peut achetter

& vendre, & que c'eſt à luy comme à la pierre de touche, que toute choſe materielle ſe doit rapporter pour eſtre appreciee, & en receuoir ſa iuſte valeur. Ie dis toute choſe materielle: car ny l'ame de l'homme, ny la ſcience, ny la vertu, ny la grace diuine, ny le don des miracles, ny la prophetie, ny la parolle de Dieu, ny les ſacremens, ne peuuent eſtre appreciés par or, ny par autre choſe terreſtre, pour ſi precieuſe qu'elle ſoit, ſinon que quelqu'vn face ſi bon marché de ſon ame, qu'il la vueille obliger au demon pour vne piece d'argẽt, comme font les ſorciers & les magiciens, on cuide achetter auec deniers contens la grace du S. Eſprit; comme voulut faire Simon le magicien qui s'en trouua mauuais marchant: Car les choſes ſacrees, comme dit le Iurisconsulte, n'entrent point au cómerce des hommes.

Ie ne nie point que nous n'achettions la doctrine; mais ce n'est pas tant à elle que nous establissons le salaire, comme au iuste labeur de celuy qui l'enseigne: car elle est de soy inestimable, & de plus grand prix que ni l'or, ni les pierres precieuses, comme dit le sage de la Sapience. Et si par fois nous trouuons que nos Rois ont donné quantité d'or & d'argent pour quelque piece de la vraye Croix, ou autre relique saincte, ils ne l'ont pas faict pour establir vn certain prix à ces choses sacrees, mais pour les retirer des mains des infideles, & oster les marguerites de deuant les pourceaux. Exceptés donc ces biens spirituels dont le prix ne ſe peut eſtimer qu'auec d'autres richeſſes pareillement ſpirituelles, l'or eſt celuy qui ſurmonte en valeur toutes choſes: c'eſt auec luy que l'õn achette les villes, les Prouinces, & les Royaumes, voire meſme les hommes, comme faiſoient anciennement les Romains, & comme on le practique auiourd'huy au Caire, & en Conſtantinople. Le Pape Clement VII. fut mis à rançon à Rome, le Roy S. Louys en Egypte, le Roy Iean en Angleterre, & le Roy François premier en Eſpagne, tous leſquels furent rachettez auec de l'argent ou de l'or donné en contrechange. Les hommes en achettent les femmes en Cathay, comme les femmes en achettent icy les hommes. Et que direz-vous ſi le ſoldat vend par maniere de dire ſa propre vie, pour deux piſtoles par mois : Ie laiſſe à part ceux qui vendent à Naples leur liberté, ſe laiſſans volontairement mettre à la cadene pour dix eſcus. Les Valons pour moins que cela ne font point de difficulté en Hollande de ſe mettre au ſort, & tirer en leur propre nom, pour celuy qui doit eſtre pendu. Bref les dignitez, les honneurs & les charges pouuans eſtre acquiſes par l'or, teſmoignent aſſez qu'il eſt d'vne plus riche eſtoffe, & qu'il ſurpaſſe de prix les choſes meſmes que le vulgaire iuge contre raiſon beaucoup plus precieuſes, comme ſont les diamants & les perles, puis qu'on les peut auoir auec de l'or, & qui leur determine leur prix, comme iuge de leur valleur : Car c'eſt auec l'or qu'on achette les perles, mais les perles, ny autre chose quelconque ne peut achetter l'or, ny luy donner de prix, puis que c'est luy qui le donne aux autres. Nous disons bien qu'vn diamant vaut vn escu, vne once, vn marc d'or, mais nous ne disons pas qu'vn escu vaille vn diamant: car le diamant ne sçauroit donner de prix à l'or, puis que c'est de luy qu'il le reçoit, comme la Lune tiét du Soleil toute la lumiere qu'elle a ainsi l'or n'emprunte son prix de chose du monde, mais le tient de son cru, pour estre le plus noble & le plus parfaict de tous les corps sublunaires.

Or tout ainsi qu'il estoit raisonnable qu'en l'ordre des mouuements, ceste chose qui meut sans estre meuë, fut le premier mobile,& par ainsi colloqué par dessus tous les autres, comme est la premiere intelligence suyuant l'opinion d'Aristote, de mesme falloit il que ce qui n'a point de prix, ou qui pour sa grande valeur ne peut estre apprecié, fut choisi pour estre le prix de toute autre chose, comme est l'or: car vous ne sçauriez dire proprement combien est ce que vaut l'or, soit en detail, soit en gros. Vous direz bien qu'vne aulne de toile vaut vn escu, mais dites-moy ie vous prie, combien vaut vn escu, vous me direz trois liures, ou soixante sols, mais ce n'est pas dire son prix: C'est seulement specifier les parties, esquelles il se peut reduire, les contenant en vertu & puissance, comme le Soleil contient la chaleur, l'ame raisonnable, la sensible & la vegetante, & le pentagone contient le quarré & le triangle. Si vous demandiez que vaut la liure de cire, vous tiendriez-vous pour content & satisfaict, si l'on vous respondoit qu'elle vaut quatre quarterons ou seize onces? De mesme quand on dit que l'escu vaut soixante sols, on veut signifier que vous le pouuez diuiser en soixante parties, du poids d'vn grain de bled. (Car c'est le poids de la dragme.) Mais d'autant que ces parcelles seroient trop menües, & se perdroient entre les doigts, si l'on s'en seruoit pour monnoye courante, on les conuertit en des pieces plus grandes d'vn metail moins parfaict, qui est l'airain, auec quelque meslange d'argét, & lesdites pieces, des sols: mais tousiours ces sols sont parties de cest escu pour estre de mesme substance, suyuant l'opinion des Spagyriques qui tiennent que les metaux ne sont point differẽts en espece, mais seulement en pureté. D'où vient qu'ils tiennent que l'or est dans tous les metaux, non seulement en puissance, mais encore actuellement, & que d'vn chascun d'iceux se peut faire l'or par la depuration & coction, disans, que l'or a passé par tous les metaux, ayant esté plomb, estain, cuiure, & tous les autres, auant que d'estre paruenu à ce supreme degré de digestion, qui le rend or parfaict. Et ainsi tiennent-ils que l'argẽt n'est autre chose que de l'or blãc à qui ne manque que la teinture, & quelque peu de poids, lequel ceux qui trauaillent à teindre la Lune taschent à luy donner par la fixation du ciment. Suiuant ces raiſons on peut voir que ce n'eſt pas apprecier l'or en le comparant auec l'argent, ou les autres metaux, mais le diuiſer pluſtoſt en ſes parties, comme nous auons dit.

Quelqu'vn me fera icy vne oppoſition aſſez à propos touchant le prix de l'or dont i'ay parlé cydeuant: car s'il valoit plus que les diamans, on ne les achetteroit pas auec ſi grande quantité d'or comme on faict: Car pour vn diamant de la groſſeur d'vne noiſette, on ne fera point de difficulté d'en donner cinq ou ſix liures d'or. Ceſte obiection me conuie de rechercher icy la vraye ſource du prix des choſes, & d'où veritablement elles empruntent leur valeur. Car l'or n'en eſt que le ſigne, & l'inſtrument vſuel pour la mettre en practique, mais la vraye eſtime d'icelles, tire ſa ſource du iugement humain, & de ceſte faculté qu'on nomme eſtimatiue, en laquelle le prix de chaſque choſe eſt formellement, comme la verité eſt en l'entendement, & l'honneur, comme dit le Philoſophe, en celuy qui honnore. De là vient que ceux qui ſont priuez de ceſte faculté, comme les enfans & les fous, ne ſont capables de rien priſer, ni les ignorans non plus pour ne ſçauoir la valeur des choſes, comme eſtoiẽt les Suiſſes à la deffaicte de Charles Duc de Bourgoigne à Grãſon: Car ils dõnoient les plats d'argẽt pour deux ſols la piece, & vn gros diamant eſtimé cent mille eſcus, ne fut vendu qu'vn florin, par l'ignorance de celuy qui ne cognoissoit point sa valeur.

Pour entamer donc ce suject, ie dis que les hommes estiment les choses ou pour la necessité, ou pour l'vtilité, ou pour le plaisir, ou pour la rareté d'icelles. Toutes sont en quelque consideration, mais la necessité va deuant. Or entre les choses necessaires, celles qui seruent à la manutention de la vie humaine, comme le manger & le boire, tiennent le premier rang : tellement que le pain & l'eau qui hors la necessité sont de si vil prix, viennent à se rencherir de telle façon soubs la tyrannie de la faim & de la soif, que pour en recouurer, on ne tient conte de l'or, de l'argent ni des pierreries. Tesmoin m'en sera ce soldat

Romain

Romain, lequel au ſiege de Caſilin ſerré de prez par Hannibal de Carthage achetta vne ſouris deux cens deniers Romains, euadant par ce moyen la mort, au grand opprobre du vendeur, qui mourut de faim auec ſon argent; teſmoin m'en pourront eſtre encore les Pariſiens, & ceux-là principalement qui durant le ſiege ſe trouuerent reduits à la derniere extremité, leſquels euſſent donné tres volontiers pour du pain, auſſi gros d'or ou d'argent s'ils en euſſent eu. Ie ne dis rien de ceux qui au milieu des eaux de la mer viennent par fois à manquer totalement d'eau, & de toute autre boiſſon, pour eſtancher l'ardante ſoif qui les preſſe, ne donneroyent-ils pas en ce beſoin tous les ioyaux qu'ils apportent des

Indes, pour vne aiguiere d'eau douce? Nous lisons dans Leon Afriquain qu'vne tasse d'eau fut venduë dix mille ducats en ces arenes de la Lybie en la plaine d'Azoa, où la carauane de Fez qui alloit à la Meleguette se trouua destituee du rafraischissement qu'elle auoit accoustumé de trouuer en certains puits qui leur furẽt pour lors inutiles, pour auoir esté comblez de ce sable mouuant que les vents font rouler par ces plaines, comme le flus & reflus dás la mer. Les hommes font tels cas de leurs membres, qu'il ne les voudroient auoir châgez pour tout l'or du monde, mais vn chascun prise les siens, & non pas ceux des autres. Vous ne voudriez pas donner cinq sols de la main d'vn homme, & il ne voudroit possible pas la donner pour cinq cens mille escus, parce qu'elle luy est necessaire, nó pas à vous. Et voila comme la necessité nous faict priser les choses, venons maintenant à l'vtilité.

Les Perüans, & Brasiliens ont de la raison, si me semble, de faire plus grande estime du fer que de l'or: d'autant que ce metail pour sa durté, leur est bien plus vtile & commode, que non pas l'autre: d'où vient que pour vn cousteau, vne hache, ou vne serpe, ils donnent volontiers autant ou plus d'or que ces outils ne pesent. Nous en ferions de mesme si le fer nous manquoit, comme à ces gens là: mais d'autant que nos mines nous en fournissent assez, nous estimons plus l'or, puis qu'auec vne once d'iceluy nous pouuons àuoir cent liures de fer: autrement, tout bien conté & rabbatu, le fer nous sert bien dauantage que non pas l'or, duquel on ne pourroit faire, ni glaiue ny cousteau, ny cognee, ny clou, ny marteau, ny lime, ny ciseau, ny serrure, ny clef, ny mille autres sortes d'outils, desquels la vie humaine ne se sçauroit passer sans en estre merueilleusement incommodee.

Les Chinois font bien plus de cas de l'argent que de l'or, parce qu'il leur sert à beaucoup plus d'vsages, & le troquoiét du commencement but à but: mais voyant que les estrangers en faisoyent tant de cas, ils s'aduiserét par apres de le rencherir. Ce n'estoit pas pour leur beau nez que les payens prisoient tant leurs

Idoles, mais pour les biens & proffits qu'ils en estimoyent receuoir. Car ils portoient vn pareil ou plus grand respect à certains Dieux qu'ils appellét Auerrunces, non pour aucune faueur qu'ils attendissent d'eux; mais pour les destourner à leur faire du mal, & c'est la seule cause pour laquelle encore de nostre temps les Malabares en l'Inde Orientale, & les Toupinambous au Bresil adorent le Diable, le flattent, le caressent, & en font tant d'estat: non pour bien qu'ils luy vueillent, mais afin qu'il ne leur face du mal, qui est la seule vtilité qu'ils en pretendent retirer. Le mesme faict encore pour le iourd'huy la plus part des hommes, honnorans, & prisans, voire mesme caressans extraordinairement les personnes qu'ils croyent leur pouuoir seruir, pour venir au dessus de leurs pretentions, lesquelles hors de cest interest, ils ne voudroyent pas auoir seulement regardé. Et voila comme le profit & l'vtilité nous faict priser ce qui de soy-mesme n'est pas bié souuent estimable. Auec l'vtilité ie conioindray la commodité, laquelle nous faict par fois augmenter le prix des choses: car nous achetterons bien plus cher vne piece de terre qui nous accommodera pour aggrandir nostre court, ou nostre iardin, que nous ne ferions pas si elle estoit en quelque autre lieu.

Mais laissant à part ces deux considerations de la Necessite & du Proffit, dont nous venons de parler, les hommes ne laissent pas sans cela de faire estime des choses, pour le plaisir seulement qu'ils en reçoiuent, ou s'attendét de receuoir. D'où vient que dans les Cours on faict ordinairement plus d'estat des bouffons que des philosophes, sinon pour le plaisir que ceux là ont accoustumé de dóner aux grands, qui leur sert bié souuent en lieu de Sené, pour se descharger d'autant de melácholie. D'où vient que Neron faisoit tát de cas des baladins, & des menestriers, ausquels il faisoit de si grands presents, & donnoit de si bons appointemens, sinon parce qu'il se plaisoit infiniment à danser, & iouer de la lyre, en laquelle il s'estoit rendu si complaisant de soy mesme, que mourant il ne regrettoit ny l'Empire, ny tant de richesses qu'il luy falsoit quitter, mais seulement la perte de ceste perfection de bien sonner du sistre, disans ces dernieres paroles, *Qualis artifex pereo?* D'où vient que l'Empereur Commodus n'aduéçoit que les escrimeurs à outrance, sinon qu'il faisoit profession d'estre gladiateur, & ne prenoit plaisir qu'à ce seul deduict. Qui mouuoit Caligule à faire tant de cas de son cheual qu'il nommoit *incitatus*, comme qui diroit le viste, que de le faire manger dans des bassins d'or, luy auoir estably vn prestre qui sacrifioit tous les iours pour luy, & l'auoir designé Consul de Rome pour l'annee suiuãte, sinõ la passion desmesuree, & le souuerain plaisir qu'il prenoit aux lices du Cirque ou de l'hippodrome? Et pour apporter des exemples plus familiers, regardés ie vous prie qu'elle estime font nos Dames Françoises de leurs petits turquets, qui ne sont bons à rien qu'à faire de l'ordure; elles ne voudroient toutesfois les changer pour les meilleurs chiēs courans de la meute du Roy, tant elles prisent le contentement qu'elles ont de les manier, les caresser, & se ioüer auec eux.

Mais pour n'estre ennuyeux à la suitte de ceste induction, ie passe à la quatriesme cause qui conuie les hommes à donner prix aux choses, qui ne leur sont ny vtiles, ny necessaires, & ne leur apportent pas mesme du plaisir, mais les estiment, & en font cas pour leur rareté seulement, comme sont les perles, & les diamans. Car si nous les auions icy en telle abondance, comme le iayet ou le verre, ou bien qu'il nous fut si aisé de les recouurer, comme les coquilles de S. Michel, nous n'en ferions non plus de cas que les Indiens, qui se mocquẽt de nous, quand ils nous voyent si cherement achetter vne bagatelle qui ne sert à rien. Et nous au contraire leur reprochons leur bestise de leur voir tant priser, comme ils font principalement au Iapon certaines vieilles images enfumees grossierement peintes, & à demy mangees de la poudre, lesquelles ils achetteront cinq ou six mille escus; que nous ne voudrions pas auoir leué de terre. Mais plus encore vn vieux chauderon tout repetassé, où ils feront cuire leur Chia, qui est leur ordinaire boisson, monſtrans aux eſtrangers, comme pour rareté, vn vieux trepied tout rouilleux, d'autres vaſes & inſtrumens qui ſeruent à la confection de ce breuuage, leſquels ils priſent à milliers d'eſcus; dont nous ne voudrions pas auoir donné quatre doubles: eux pourtant les eſtiment infiniment, ou pour l'antiquité, ou en conſideration du lieu d'où ils ſont venus, & du maiſtre qui les a faicts.

L'on faict à Cologne vn grand cas de certains verres fort golfement faicts, leſquels ils appellent verres Romains, & aſſeurent iceux eſtre du temps d'Agrippine mere de Neron, & auſſi anciens que la fondation de leur Colonie, où ils diſent auoir eſté apportez de Rome, & ſoufflez en ce premier aage. Les maisons qui les ont s'en tiennent fort honnorees, & au partage des biẽs les contrepesent auec les vases de vermeil doré: Et ceux-là sont estimez sçauans & accords qui les sçauent distinguer d'auec les modernes, qu'on tasche de falsifier, comme on faict les anciennes medailles. Il ne faut donc trouuer estrange si les Americains font tant d'estat des petits miroüers, des clochettes d'estain, & des grains de verre, qu'ils achettent au poix de l'or, parce que ces choses leur sont rares, & seruent encore à quelque chose, mais les diamans ne nous seruent non plus que des cailloux; que si l'on en doit faire estime pour recréer la veuë à cause de leur splendeur, le crystal à qui on aura donné vne bonne fueille nous rend le mesme effect, d'où vient que vous ne sçauriez discerner l'vn de l'autre, si vous n'estez bon lapidaire. Et puis que [illegible] ne vois que le rubis, l'esmeraude, & l'opale que l'on n'estime rien au prix du diamant, sont bien plus propres qu'il n'est pour resiouïr la veuë par l'esclat de leurs belles couleurs?

C'est donc vne maladie d'esprit, & vne fantasie aux hommes, de mettre tát de prix, & tant d'affection, les vns aux medailles, & semblables menus fatras de l'antiquité, qu'ils tiennent pour leur premier thresor, les autres aux fleurs, qu'ils preferent aux principaux reuenus de leurs biens: les autres aux tableaux du Bassan ou du Titian, qui ne seront pas quelques fois plusgrands que la main pour lesquels achetter ils vendront tout vn heritage, comme font plusieurs peintres à Rome. Deux Rois de l'Inde Orientale se sont faicts la guerre durant plusieurs annees pour vne perle de la grosseur d'vn œuf de pigeon: chose à la verité digne de compassion, qu'vn peu d'eau congelee en la conque d'vn huictre ait esté tant prisee, que pour elle on n'ait tenu conte de tant de sang respandu: que la vie de tant d'hómes qui sont morts de part & d'autre pour ce suject, soit esté iugee plus vile, & les grand frais des deniers, qu'il a fallu faire, bien employez pour si digne suject. C'est la rareté seule qui la faict priser, estant possible au monde vnique en sa grosseur, combien qu'vn Espagnol asseure en auoir veu deux au Roy de Ternate, l'vne des Isles Moluques, de la grosseur d'vn mediocre œuf de poule. Que si l'art de les bien contrefaire auec la paste de la semence de perles estoit venu a telle perfection de rencontrer leur eau, & leur durté naturelle, il n'y a point de doute que l'on en fairoit de plus grosses, & en telle abondance que le prix en viendroit à non prix: car l'abondance est celle qui desrobe la valleur aux choses les plus precieuses.

Le premier Paon qui fust veu en la Grece, fut en telle estime & admiration pour vn temps qu'on donnoit de l'argent pour le voir, comme on feroit icy quelque Elefant ou Rinocerot, & vne plume de cest oiseau valoit plus qu'vn grand mas de Heron : mesme qu'en y ayant desia quelque nombre en la Macedoine, il fut defendu sous peine de la vie de tuer vn si rare oiseau. Vous voyez neantmoins comme estans multipliez en telle abondance, & l'oiseau, & ses plumes, quoy que tresbelles ont perdu leur credit en l'estime des hommes.

Il me souuient auoir leu qu'en ces premieres descouuertes des Indes, vn Portugais ayant faict le voyage s'en vint à Venise, où s'adressant à vn Orfeure luy monstra vne tresbelle & tres-fine esmeraude de la vieille roche, de la grosseur d'vne moyenne noix, laquelle l'Orfeure luy prisa cinq cens escus, & s'offrit de luy faire vendre. Mon Portugais pensant estre riche à iamais pour luy, & pour les siens, s'en vint le l'endemain retrouuer son homme, & luy fist monstre d'vne grande boëtte toute pleine de ces esmeraudes semblables à la premiere, le priant de les y faire debiter au plustost, & luy en offrant vne pour sa peine. Mais l'Orfeure en voyant vne si grande quantité, ne les luy prisa qu'vn escu la piece, dequoy mon Marchant fut bien estonné.

Du commencement que les Tulipes furent portees en nos quartiers, il y auoit tel curieux qui ne feignoit point d'en donner cent escus de la piece, & en achepter les oignons au poids mesme de l'or. Maintenant que tous les iardins en foisonnent, on les a pour moins d'vn escu la douzaine. Or comme l'abondance diminuë le prix des choses, la disette au contraire, & la difficulté qu'on a d'en recouurer, le surcroist. De là vient que les perles sont maintenant plus cheres qu'elles n'estoient il y a quelques annees, à cause que l'on n'en porte plus guieres d'Ormus, comme on auoit accoustumé de faire: non pas que ce soit là qu'on les trouue, mais on n'en pesche plus en si grande abondance en Manar, qui est vne Islette entre Zeilan & le Cap de Commori, les huistres ayans esté transportees ailleurs depuis huict ou neuf ans par quelque cause occulte. Moins encore en apporte-t'on de l'Isle de Cubaqua en la partie australe de l'Amerique, d'où l'on en tiroit en si grande abondance que de la flotte de l'annee 1587. le Roy d'Espaigne en eut pour sa part trois cens marcs, & les particuliers mille deux cens soixante-quatre, laquelle abondance rendit les perles si viles pour quelque temps, que l'on n'en tenoit point de conte.

A ces quatre causes du prix des choses nous en pouuons adiouster vne cinquiesme, qui est l'Affection, par le moyen de laquelle vn amoureux par exemple, estimera beaucoup vn bracelet de cheueux, vn anneau, ou quelque autre faueur de sa Maistresse, & ne voudroit le changer pour tout l'or du monde. Rapportons encore à cecy l'estime que font par fois les grands des petites choſes , leſquelles ils ne recompenſeroient pas ſi ſplendidement s'ils ne les priſoient plus que l'ordinaire. Auguſte donnoit vn eſcu de chaſque vers de Virgille , & de ceux qu'il auoit faits pour Marcellus, vn talent de chacun : l'Empereur Antonin fils de Seuerus vſa de pareille liberalité à l'endroit du Poëte Oppian qui luy auoit dedié vn liure de la chaſſe, luy payant chaſque vers vne dragme d'or. Mais François premier fit bien plus, car pour vn vers du meſme Poëte qu'vn ſien valet de chambre luy diſt vn iour à propos, ou pour mieux dire ſans propos, qui eſtoit ceſtui-cy de la premiere Bucolique.

Caſtaneæ molles , & preſſi copia lactis.

Il luy donna le Palais du Roy René, où il logeoit pour lors estant en Auignon. Iamais vers ne fut si bien payé, combien que Crantzius nous asseure que Hiarnus homme de mediocre fortune, obtint le Royaume de Dannemarc pour vn quatrain qu'il fist à l'honneur du defunct Roy Froton, decedé sans enfans, auquel il succeda pour ce seul respect par le consentement de tous les principaux Seigneurs du Royaume, ayans proposé la couronne Danoise à celuy qui feroit quelque chose plus seignalee en l'honneur du feu Roy, que Hiarnius emporta par ses vers comme Darius le diademe de Perse par le hannissement de son cheual. Voicy les vers qui ont esté recompensez d'vn Royaume, tournez du Danois en Latin.

Frotonem Dani quem longum viuere vellent,
Per sua defunctum rura tulere diu.
Principis hoc summi tumulatum cespite corpus,
Æthere sub liquido nuda recondit humus.

Si tous les vers d'apresent estoient payez de telle monnoye, non seulement, les corbeaux & les pies, comme dit Perse, mais les poissons encore s'essaieroient de chanter vn air Pegasien. Au mesme rang d'estime deuons nous mettre la raue qui fut presentee par vn païsan au Roy Louys douziesme, laquelle il donna à vn Gentil-homme qui luy auoit faict present d'vn beau cheual, disant qu'elle luy auoit cousté dix mille escus, & qu'il luy bailloit pour le mesme prix, on tient qu'vne seule oraison d'Isocrate fut venduë douze mille escus; & le Roy Attalus ne fit point de difficulté de donner soixante mil escus d'vn tableau faict de la main du peintre Aristarche. Ce que ie ne trouue pas tant estrange, d'vn si grand & opulent Prince que le Roy Attalus, cóme ie fais de l'aduocat Hortensius qui en achetta vn quatre vingts quatre mille escus. Ie ne dis rien de la Lampe d'Epictete acheptee si cherement, ny de la plume d'airain dont le Poëte Ouide escriuoit ses Elegies estant en exil, dont la Royne Elizabet d'Angleterre donna tant d'argent, toutes lesquelles choses ne doiuent leur valeur qu'à la rareté ou à l'affection des hommes.

Mais que direz-vous, si ie monstre que l'or mesme & l'argent, qui sont la mesure du prix des autres choses, ont amoindry beaucoup de leur prix & valleur pour la grande abondance que nous auons maintenant. De là vient que plusieurs ne penetrans nullement ceste cause, tiennent qu'anciennement toutes choses estoient bien à meilleur marché qu'on ne les a maintenant, & qu'elles se sont rencheries de plus de la moitié. Ceste erreur populaire m'oblige de traicter icy briefuement ceste question, de laquelle Malestroit en son 1. Paradoxe presenté au Roy Charles 9. 1566. ny Bodin qui le repréd, ne se sont pas trop bié acquittez selon mon iugement. L'vn pour apporter vne chose fausse en confirmation d'vne vraye, l'autre pour en dire vne vraye en confirmation d'vne fausse.

Malestroit dit que rien n'est enchery en France despuis trois cens ans, & il dit vray; mais c'est dit-il, pourautant qu'on n'en donne pas plus d'argent maintenant que l'on faisoit pour lors: & c'est ce qui se trouuera faux: Bodin dit que l'on achette maintenant auec plus d'argent: & cela est vray: Mais il conclud de là que tout est renchery: Et c'est ce que ie nie estre vray: Venons premierement au premier, & voyons s'il est vray ce que Malestroit dit, que l'encherissement que l'on cuide estre maintenant sur toutes choses n'est qu'vne opinion vaine, ou image de compte, comme il parle luy mesme sans effect ny substance. Car pour cófirmation de son dire, il faict vn syllogisme en ceste façon. L'on ne peut dire qu'vne chose soit maintenant plus chere qu'elle n'estoit il y a trois cens ans, sinon que pour l'achetter il faille maintenant bailler plus d'or ou d'argent que l'on n'en bailloit alors; Or est-il que l'on n'en baille pas maintenant d'auantage, doncques rien n'est enchery despuis ledit temps. Il ne preuue point la majeure la tenant toute claire, & Bodin ne fait point de difficulté de luy conceder; laquelle neantmoins on luy pourroit disputer: car si i'achette vn faisan vn escu, le payant en doubles, ie l'achette plus cher que de ce téps-là qu'on l'auoit pour deux ſols. Et ſi ie n'en baille pas tant d'argent. Car ie n'en dõne rien que cinq marcs de cuiure ou de roſette pure, dont la ſeule matiere, ſans auoir eſgard à la forme qui luy donne ſa valleur de monnoye, vaut plus que ces deux ſols, ſoit que vous conſideriez leur matiere qui eſtoit argent, & ſoit que vous ayez eſgard à leur cours qui ne pouuoit valoir que dix ou douze ſols de noſtre monnoye.

Mais donnons paſſeport à ceſte maxime, & venons à la ſeconde propoſition, en cõfirmation de laquelle il apporte l'exemple du velours, diſant, que l'aulne du bõ velours valoit quatre liures du temps du Roy Philippe de Vallois, & que de ſon temps, aſçauoir 1566. qu'il eſcriuoit cecy il eſtoit monté iusqu'à dix liures, ſans auoir enchery pour cela: Car les quatre liures du temps du Roy Philippe eſtoient liures ou francs d'or, vallant chaſcune d'icelles autant que faiſoient les eſcus couronne qui couroit du temps de Maleſtroit pour 50. ſols piece: tellement que pour auoir vne aulne de velours: on bailloit auſſi bien quatre eſcus d'or, comme on fait maintenant, n'y ayant autre difference, ſinon que ces eſcus d'or s'appelloient liures ou francs qu'on ne diuiſoit qu'en vingt ſols là où l'eſcu du tẽps de Maleſtroit en valoit cinquante, mais moindres pourtant de valeur & d'alloy que les autres, auec ceſte condition toutesfois, que les cinquante equipolloyent les vingt, & ſuppleoyẽt par le nombre le deffaut de l'alloy, puis qu'il y auoit autant de fin aux vingts ſols d'argent, qui compoſoient le franc d'or, cóme il y en auoit aux cinquante qui compoſoient l'eſcu. Car vn de ceux là en valloit deux & demy de ceux-cy. Et voila la raiſon ſur laquelle ſe fonde Maleſtroit, laquelle à la verité ſeroit irreprochable, s'il pouuoit prouuer ez autres denrees ou marchandiſes, ce qu'il prouue au velours: mais c'eſt vn paralogiſme de vouloir inferer vne cherté generale de toutes choſes, pour l'extraordinaire chairté d'vne ſeule: I'aduouë comme faict encore Bodin, que le velours eſtoit extremement cher en ce temps-là, eſtant porté du Leuant, & n'y ayant encore pour lors abondance des draps de ſoye, cóme il euſt par apres quand les

Italiens commencerent à planter des meuriers, esleuer & nourrir les vers, & trouuer mille abregez pour la manufacture des soyes; ce qui les fit auilir de plus de deux tiers dans bien peu de temps : car à proportion de ce que se vendoit le drap de Paris, qui estoit le drap de Berry, soubs Philippe de Valois, dót l'aune du plus fin ne coustoit pas vingt sols, qui vaut maintenant plus de trois escus, il falloit que le velours s'achettat pour lors aussi cher auec ces quatre francs d'or, comme si nous en donnions maintenant quinze escus : d'où vient comme ie diray par apres, que peu de gens en portoient alors pour son excessiue cherté: car pour en auoir le dessus d'vn habit, qui pouuoit reuenir à cinq aulnes il falloit faire estat de vendre tout vn grenier de bled; asçauoir quarante septiers, le septier ne valant pour lors que dix sols ou la moitié d'vn franc d'or: Et ainsi toute la prouision annuelle d'vne mediocre famille fut allee au dessus d'vn habit: là où maintenãt douze septiers de bled suffiront pour la mesme despence, & si pour les quarente l'on en auoit cinq aulnes de velours, pareille quantité de grain nous en donnera plus de quinze. Ce qui faict voir clairement que le velours a beaucoup amandé despuis ce temps-là, encore que le bled n'aye point renchery, comme nous monstrerõs par apres.

L'exemple donc du velours qu'apporte Malestroit, n'est nullement receuable, pour n'estre accompagné des exemples tirez des ventes & achapts de plusieurs autres marchandises comme il deuoit faire. Il pense neantmoins y auoir satisfaict en disant, que cinq sols de son temps ne valloiẽt qu'vn sol du temps du Roy sainct Louys, qui diuisa le marc d'argẽt fin à 64. pieces, qu'il appella souls ou gros tournois, lesquels estoiẽt tous d'argent & valloient vn real d'Espagne. Et que partant ce que nous achettons cinq sols à present ne deuoit valoir qu'vn sol de ce temps-là, qui contenoit neantmoins autant d'argent fin que faisoiẽt les cinq sols de son temps. Et ainsi l'aulne de velours, dit il, qui couste maintenant dix liures, ne deuoit couster du temps de S. Louys que quarante sols, le chappon qui couste dix sols, ne deuoit couster que deux sols, la paire de ſouliers qui couſte 15. ſouls, ne deuoit couſter que trois ſouls, l'aulne de drap qui ſe vend maintenát cent ſouls, ne reuient qu'à vingt ſols du temps paſſé, le muy de vin n'eſt pas maintenant plus cher à douze liures dix ſouls, qu'il eſtoit lors à cinquáte ſouls. La pinte du vin qui couſte trois blancs ne deuoit ſe vendre qu'vn liard. La iournee d'vn manœuure qui couſte maintenant cinq ſouls n'eſt pas plus chere qu'elle eſtoit alors à douze deniers. Le gentilhomme qui a maintenant cinq cens liures de rente, n'eſt pas plus riche que celuy qui lors n'en auoit que cent. Vne terre ou maiſon qui ſe vend maintenant à vingt cinq mille frács, n'eſt point plus chere qu'elle eſtoit lors à cinq mille liures. Et le tout, dit-il, pour la raiſon ſuſdite, qui est que les vingt cinq mille liures de maintenant ne contiennent pas plus grande quantité d'argent fin que les cinq mille liures du temps dudit S. Louys, d'où il tire vne consequence que le rencherissement imaginaire qu'on croit ne vient pas de la quantité de l'argent, puis que l'on n'en donne pas plus qu'au temps passé, mais de la multiplication des pieces qui ont augmenté en nombre, en ayant esté faict cinq d'vne seule, qui ne laissent pourtant d'auoir le mesme nom, estás nos douzains aussi bien appellez souls, comme ceux là du temps de S. Louys, bië qu'ils ne vaillent pas chascun deux deniers & demy de ceux là, ny les francs d'estre appelez liures, bien qu'vne liure des nostres ne vaille que quatre de ces souls. Et ainsi Malestroit pense auoir suffisamment prouué sa proposition, que rien n'a renchery despuis le temps du Roy sainct Louys, qui commença de prendre l'administration du Royaume l'an 1234. iusqu'à l'an 1566. qu'il escriuoit cecy, rapportant la valeur de la monnoye courante qui auoit esté affoiblie despuis Philippe le Bel, & dont le marc de fin en faisoit 320. pieces, à la plus forte du temps de S. Louys, qui n'en faisoit que 64.

Mais cest argument a vn vice que les Logiciens appellent petition de Principe, qui se faict quand on suppose pour vray ce qui est en controuerse, & doit estre prouué: car Malestroit ne monstre rien par toutes les inductiós qu'il faict, sinon que la monnoye de ſon temps eſt plus foible au quintuple qu'elle n'eſtoit du temps de S. Louys, & ainſi du prix des choſes qui eſtoit de ſon temps, il en collige celuy qui deuoit eſtre iadis non pas celuy qui eſtoit, qui eſt ce que nous deſirerions bien ſçauoir; pour apprendre de là ſi nous en donnons maintenãt plus ou moins d'argent fin. C'eſt donc vne mauuaiſe conſequence de dire dix ſouls de maintenãt ne valẽt que deux ſouls du tẽps de ſainct Louys, donc le chappon qui ſe vend maintenãt dix ſouls, ne couſtoit pour lors que deux ſouls: car il ſe peut faire qu'il couſtoit moins alors, comme il eſt vray ſemblable, & le meſme pouuons nous dire de tous les autres exemples qu'il apporte de diuerſes ſortes de marchandiſe, deſquelles ſans doute on dónoit beaucoup moins d'argent fin qu'on ne faict maintenant, comme ie monſtreray cy apres, nonobſtant que ie luy accorde ceſte proportion au quintuple de nos ſouls ou de ceux-meſmes qui auoient cours du temps de Maleſtroit, auec la forte monnoye de S. Louys, laquelle neantmoins Bodin ne veut admettre en aucune façon, diſant que Maleſtroit ſe contredit, & ſe meſconte au calcul. Mais il ſe meſconte luymeſme, en diſant comme il faict que les ſouls qui couroient de ſon temps forgez par le Roy Henry II. n'en valloient que trois de ceux de ſainct Louys: Ce qui ne peut eſtre quãd bien leſdits ſouls euſſent eſté a plus haut titre qu'ils n'eſtoient. Et qu'ils euſſent eſté à quatre deniers de fin, comme ils n'estoient qu'à trois & demy: car il n'y en eust eu selon son dire que 64. au marc d'œuure, qui font 192. au marc fin, & ledit marc n'eust esté qu'à 9. liures douze sols du temps de Malestroit, lequel neãtmoins estoit à 16. liures, comme il tesmoigne luy-mesme, disant, que le marc d'œuure auoit 93. sols & demy de taille, qui estoit cõptant le brassage & remede 320. pieces au Marc de fin. Ce qui a donc trompé Bodin est, qu'il a pris les souls dont le franc d'or à pied & à cheual que fit forger le Roy Iean estoit composé, pour estre equiualens, & à mesme tiltre que ceux de S. Louys, asçauoir, d'vn gros ou de trois deniers d'argent de poids. Or ce franc d'or ne valloit que vingt souls du temps du Roy Iean, & vint par apres à soixante souls, c'eſt bien la verité qu'vn de ces ſouls d'argent dont les vingt faiſoient le franc d'or n'en valoit que trois de ceux du Roy Henry ſecond, mais ce ſou d'argent n'auoit garde d'equipoller en valleur ceux du Roy S. Loys, auſſi Maleſtroit n'entend pas parler de ces ſouls du Roy Iean quād il faict ſes comparaiſons au quintuple, cōme on peut voir clairement au premier paradoxe où il dit, que le mui de vin, qui du temps du Roy Iean valloit quatre francs, couſtoit de ſon temps doūze liures, qui n'eſtoit que le triple de plus, & en ſon ſecond paradoxe, où comparant l'eſcu d'or aux fleurs de lys ſans nombre du Roy Philippe de Vallois l'an 1328. qui ne valoit que vint ſouls, auec l'eſcu au Soleil de ſon temps qui en valoit cinquāte, il dit qu'il faudroit donner maintenant deux escus & demy de ce qu'on pouuoit auoir iadis pour vn escu, ou vous voyez qu'il n'estime le sou de cest escu d'or du Roy Philippe que deux souls & demy de ceux du Roy Henry II. car n'ayant faict l'escu du Roy Iean que de soixãte souls de billon qu'il valoit de son temps, il ne pouuoit entendre que les vieux souls dont il estoit composé en nombre de vingt, en valussent chascun cinq de ceux de son temps: autrement à ce compte le viel escu eust vallu cinq liures de la monnoye courante du Roy Henry second.

C'est donc imposer à Malestroit, que de dire qu'il ait pris les vieux souls du franc d'or à mesme titre & valeur que ceux du Roy S. Louys: car ceux-cy ont chascun vn gros ou trois deniers de poids. Et ceux-là n'ont qu'vn denier 19. grains & $\frac{1}{5}$ de grain, ceux de sainct Louys sont à trois liures quatre souls le marc, ceux du Roy Iean à cinq liures 6. souls huict deniers, ceux-là estoient à 64. de taille, ceux-cy à 107. & $\frac{2}{5}$ tellement que le franc d'or du Roy Iean ne valloit que 12. souls de ceux du Roy S. Louys, & le sou de l'vn enuiron sept deniers & demy de l'autre.

Pour reuenir donques à Malestroit quand ie luy concederois, ce que ie fay librement, que la monnoye a tellement rauallé de titre & de bonté despuis le Roy sainct Louys iusqu'au Roy Charles IX. soubs le regne duquel il viuoit, que cinq sols, de son temps n'en valoient qu'vn de ceux du Roy S. Louys. Ie nie pourtant qu'on donnast tant d'argent de ce qu'on achettoit iadis; cóme on a faict despuis. Il ne le móstre qu'au velours, qui estoit comme i'ay dit irregulierement cher: car les autres exemples qu'il apporte ne sont fondez sur la verité, mais seulement sur la supposition du rapport qu'il faict de l'ancienné monnoye auec la nouuelle.

Mais moy ie veux monstrer non par coniecture ou supposition mais par les vrays exemples tirez des histoires, que nonobstát ce rapport de mónoye forte auec la foible, & sans preiudice de leur iuste valleur, l'on donnoit mesme du temps de Malestroit beaucoup plus d'argent de ce qu'on achettoit, qu'on ne faisoit du temps de S. Louys, de sorte que si pour dóner plus d'argent on doit colliger vne plus grande cherté, comme faict Bodin, on trouuera que tout a bien renchery, non seulement despuis le Roy S. Louis, mais encore despuis Louys XI. voire despuis Louys XII. qui ne precedoit ledit Malestroit que de 60. ans. Et quand il le voudroit nier, les registres du Chastelet, la chambre d'or, la chambre des comptes, les archiues de la maison de ville, les contracts, les coustumes des païs de la France que Bodin a soigneusement recueilly luy fairont necessairement aduoüer, dequoy i'apporteray icy quelques exemples, qui ne sont point subiects à caution pour estre asses authentiques.

Bodin tesmoigne auoir leu dás les cadastres de Tolose que le bled n'estoit l'an 1466. qu'à cinq ſous le ſac, lequel de ſon temps valoit vn eſcu, quãd les cinq ſouls ſeroyent de ceux de S. Louys, encore ne vaudroient ils que vingtcinq ſouls, les reduiſant à ceux de ſon temps Et ne me ſçauroit nier Maleſtroit qu'en vn eſcu trois liures, ou quatre teſtons n'y aye plus d'argent qu'en cinq de ces gros tournois de 64. au marc fin: les quatre quarts d'eſcus peſoient 32. deniers, & les cinq ſouls n'en peſoiẽt que quinze qui n'eſt pas la moitié. Par la couſtume de Troye 1500. le ſeptier du meilleur fromẽt ne couſtoit que 20. ſouls, du tẽps de Maleſtroit il valoit trois eſcus. C'eſt bien paſſer le quintuple, quand ce ſeroient des ſouls du S. Louys. En Bourbonnois le muy du vin n'eſt taxé qu'à raiſon de 24. ſouls. Maleſtroit dit que de ſon temps il se vendoit 12. liures 24. souls du Roy S. Louys n'ont garde d'auoir tant d'argent comme auoient 12. liures du Roy Henry second. L'aulne de fin drap n'estoit qu'à douze souls du tẽps de Philippe le Bel. Malestroit de son temps l'aduouë à cent souls. Au coustumier d'Anjou de l'an 1508. le chappon n'est qu'à vn sou, du temps de Malestroit il coustoit dix souls. Le maneuure de bras ne gaignoit que six deniers, en esté quatre deniers, en Hiuer du tẽps de Malestroit il coustoit cinq sols. Par tous lesquels exemples vous voyez comme la proportion d'vn a cinq, sur laquelle se fonde Malestroit est beaucoup surpassee, quand mesme on voudroit faire valoir les souls & les deniers dont nous venons de parler autant que les tournois d'argent de S. Louys : ce qui n'est pas toutesfois : car ce sont pour la plus part sols & deniers de Louys XII. qui ne valoyent pas quatre deniers plus que ceux de Henry second, qui auoient cours du temps de Malestroit : attendu que ceux de Louys XII. estoient à quatre deniers & demy de fin, & ceux de Henry II. n'estoient qu'à trois & demy, de sorte que quatre des vieux en valloient pres de cinq des nouueaux.

Suiuant donc ce pied de monnoye on trouuera par les exemples susdits que Malestroit donnoit plus d'argẽt de ce qu'il achettoit de son temps cinq, dix, voire quinze fois d'auantage en certaines choses qu'on ne faisoit soixante, ou cent ans auparauant. Qu'il ne die donc pas que le chappon deuoit couſter deux ſouls ou gros d'argent du temps de S. Louys: Car s'il aduoüe qu'il faiſoit auſſi bõ viure pour lors que du tẽps de Louys XII. où le chappon ne valoit que quinze deniers de la mõnoye de ſon temps, il faut neceſſairement qu'il aduouë que le chappon ne pouuoit couſter du temps de S. Louys que trois deniers tournois, qui eſtoit la quatrieſme partie d'vn ſou d'argent. Et que la iourneed'vn maneuure qu'il met à vn ſou n'eſtoit qu'à vn denier, pour le iour d'hyuer, puis qu'elle ne couſtoit que cinq deniers du ſou du Roy Henry 58. ans auant que Maleſtroit eſcriuit ſur ceſte matiere. Quand il ſera donc queſtion des ſouls des anciens & de leur monnoye, pour la comparer à la nostre. Et en colliger de prix & valleur des choses, il faut distinguer les tẽps: car si vous parlez du temps de Philippe II. 1181. où le marc d'argent ne valoit que cinquãte trois souls, vn de ces souls là qui estoiẽt tous d'argent, en valoit pres de huict des nostres. Sous le Roy sainct Louys le sou d'argẽt en valoit six des nostres. Si despuis Philippe le Bel iusqu'à Charles le Bel, il y en a de deux sortes, les premiers valoiẽt six blãcs de nostre monnoye, les derniers qui furent forgez dix ans apres à trois deniers & demy de fin, valoient le sou parisis despuis Charles le Bel iusqu'à Charles V I. le sou de six deniers de fin à 128. de taille, qui estoit à 6. liures 8. sou le marc, valloit vn peu plus que trois souls des nostres.

noſtres. Quelques annees apres le ſou en valoit deux des noſtres, le ſou du Roy Louys XII. reuient à deux de nos carolus. Celuy du Roy Henry II. à quinze deniers de noſtre monnoye : car ils ſont plus forts que les deniers qui furent forgez l'an 1577. d'vn demy denier & n'ayans que 320. pieces au marc d'œuure, là où les noſtres en ont 408. y compris le remede. En tous leſquels exemples on peut voir vne grande diuerſité, ſans que ie mette en ligne de conte les ſous que le Roy Charles le Bel reſtitua à l'ancien titre de douze deniers, le Roy l'an 1322. car cela ne dura que ſix mois. Ni ceux qui furent forgez 1422. à ſi bas titre que le marc d'argẽt valoit quatre vingts liures, qui font 1600. pieces pour marc d'œuure, tellement qu'vn de nos ſouls en vaudront bien quatre de ce temps-là, mais cela ne dura que deux ans. Voyez donc ſi Bodin a raiſon de dire que deſpuis trois cens ans la monnoye n'a changé de tiltre de pied, ny d'alloy. Or ce qui m'a faict eſtendre vn peu ſur ceſte matiere de l'affoibliſſement des monnoyes, eſt d'autant que ie fonde là deſſus vne des raiſons, par leſquelles ie monſtre ſur la fin de ce preſent traicté, que le Roy ne tire pas tãt, prix pour prix de tout ſon Royaume, comme faiſoyent ſes deuanciers. Et quoy qu'il leue plus en nombre, qu'il ne leue pas tant en valeur.

Mais pour reuenir à Maleſtroit, qui croyoit n'y auoir qu'vne augmentation imaginaire d'argent, en ce qu'on achetoit de ſon tẽps de plus que soubs le Roy sainct Louys, qu'est-ce qu'il diroit maintenant s'il viuoit, conferant les prix des choses d'apresent, auec celles qui estoient de son temps: s'il voyoit le muy de vin aux annees communes à dix & douze escus, qu'il n'achetoit que quatre. L'aulne du fin drap à dix frãcs, qu'il n'achetoit que cinq. La pinte du vin ordinaire à trois souls, qu'il n'achetoit que trois blãcs. La paire de souliers à quarante cinq souls, qui ne coustoit pour lors que 15. souls. La iournee du manœuure à 15. & 20. souls qu'on auoit alors à cinq souls. Vrayement il se garderoit bien d'auancer la proposition qu'il a faict, & seroit contraint d'aduoüer qu'on donne maintenant plus d'argent au double, voire au triple, qu'on ne faisoit de son temps, & toutesfois il n'y a que cinquante quatre ans qu'il viuoit : & ne pourroit s'excuser, comme il faisoit de son temps sur l'empirage de la monnoye : car noz souls de trois deniers de fin & de cent deux de taille que nous auons maintenant ne sont pas affoiblis de quatre deniers, despuis les souls du Roy Henry II. qui estoit de nonante-trois & demy, de taille à trois deniers & demy de fin.

Et voila la raison de Malestroit destruitte, & combien que sa proposition que rien n'a rencher-ry demeure tousiours vraye, mais il la falloit prouuer par vn autre moyen, comme ie feray maintenant : car si ie voulois me fonder sur la force & valeur de l'ancienne mónoye, pour y faire adiuster le prix de la noſtre, comme a pretendu faire Maleſtroit : ie ſerois bien loin d'y trouuer mon conte : car comme voudriez-vous que ie deffrayaſſe vn Chãcelier de France auec tout sõ train, pour 8. ſouls par iour, comme il eſtoit du tẽps du Roy S. Louys ? Vous me direz qu'il n'auoit pas tant de gens, ny tant de cheuaux, cõme il a maintenant : mais puis que l'hiſtoire dit que c'eſtoit pour luy & pour ſes cheuaux, ſi faut-il preſuppoſer pour le moins qu'il en auoit deux : Or l'on ſçait qu'vn homme à cheual n'en eſt pas quitte pour moins de quarante huict ſouls par iour à vne hoſtelerie ; voila dõc quatre liures ſeize ſouls qu'il faudroit pour ceſte deſpenſe, qui ſont ſix quarts deſcus, peſans biẽ pres de deux onces d'argent, là où les huict souls du Roy sainct Louys n'en auoient qu'vne once.

Elizabeth de France fille de Philippe le Bel, mariee à Edouart Roy d'Angleretre, n'eut que dou- mille liures de mariage, & l'ordonnance du Roy Charles V. n'en donne que dix mille aux filles de france, prenez le cas que ce soit des francs d'or à pied & à cheual de son pere Iean, ce ne seront que dix mille escus d'or, vn Procureur en donne bien autant à sa fille, pour le iourd'huy: qu'elle proportion y a-il de dix mille escus à quatre cés mille que le Roy Henry II. leur ordonna par apres? Le Pape voudroit-il rendre Auignon pour quarante mille florins, & se tiendroit-il pour recompensé, en luy rendant seulement la somme pour laquelle il fut engagé? Herpin pensoit auoir vendu bien cherement le Duché de Berry au Roy Philippes I. pour soixante mille souls, qui valoient soixante mille de nos escus. Il y a telle maison dedãs Bourges qu'on ne voudroit dõner pour ce prix. Charles le Sage achetta le Conté d'Auxerre trente mille francs, mettons qu'il fussent d'or, l'estimeroit-on maintenant aussi cher comme alors, si on le pouuoit auoir à ce prix? On n'en auroit pas vne Baronnie de mille escus de rente. Qu'on aille maintenãt offrir au grand Duc de Toscane six mille escus de sa ville de Florence, comme elle fut venduë anciennement, par l'empereur de Luxembourg.

Il semble certainement qu'on se mocque, & que ce sont des fables quand on lit dans le liure coustumier d'Auuergne, d'Anjou, de Champagne, & autres de l'àn 1508. auquel temps le sou ne valoit que vingt deniers de nostre monnoye, le mouton gras auec la laine cinq souls, cheureau dix-huict deniers, poule six deniers, lapin dix deniers, le Pan deux souls, Faïsan vingt deniers, pigeon vn denier, manœure de bras quatre deniers, charroy de bœufs douze deniers, charretée de foin dix souls, charretee de bois douze deniers.

Quelle conclusion tire-on de cecy? que tout est plus cher maintenant de dix, vingt trente fois, & plus qu'il n'estoit alors, c'est la mesme illation de Bodin. Et l'eust esté encore de Malestroit, s'il eust veu cecy. Ie dis neantmoins que rien n'eſt renchery pour cela. Et que l'argent que nous en donnós à preſent de plus eſt vne augmentation reelle, mais qu'elle n'apporte qu'vne cherté imaginaire : ce que ie dis non par maniere de diſcours, ou par gentileſſe, pour me donner carriere à la façon des ſophiſtes, qui faiſoient profeſſió de prouuer toutes choſes, voire les plus eſloignees de la raiſon & des ſens, comme Anaxagoras s'efforçoit de prouuer que la nege eſtoit noire, mais parce qu'il eſt vray, & que non ſeulement ie le croy ainſi, mais encore m'oblige à le demóſtrer par des raiſons euidentes.

La premiere ſera priſe de l'origine meſme, ou ethymologie du nom : car cherté, nom françois, vient du latin *caritas*, qui ſignifie disette & *carere*, d'où il vient, auoir faute ou besoin, la cherté donc s'oppose à l'abondance ; Cela presupposé i'argumente ainsi, s'il y a maintenant si grande abondance de toutes choses, comme il y auoit ez siecles passez, il n'y aura pas plus grande cherté qu'alors.

Or est-il que toutes choses sont en ce temps en pareille abondance, & si copieuses qu'alors : elles ne sont donc pas à present plus cheres. La majeure de cest argument est toute euidente : car si cherté signifie disette : il s'ensuit que là où il n'y a pas plus grande disette il n'y a pas plus grande cherté, & qu'il n'y a plus grande disette, ou il y a pareille abondance.

Il faut donc prouuer la seconde propoſition en faueur de ceſte abondance, contre l'erreur de ceux qui croyent que la terre ne rapporte pas maintenant, comme elle failoit au temps paſſé, que le monde vieillit, que les hommes vont touſiours en diminuant deſpuis le deluge, d'aage, de taille, de force & de vertu : Ce que ie monſtre eſt faux par la raiſon, & par les hiſtoires en mon liure des erreurs populaires, mais pource qui regarde la fertilité de la terre ſur le ſuject que nous traictons, il n'y a point de doute que le monde va touſiours ſon train ordinaire, il pleut, il vente, il gele, il faict beau temps, ſuyuant la diuerſité des ſaiſons, comme il faiſoit jadis, la terre est tousiours terre, & tousiours propre à fructifier, plus ou moins suyuant sa bonté, & quand sa vertu s'est aucunement affoiblie, & sa graisse espuisee, le repos d'vne ou de deux annees luy rend son sel vegetable par la fermétation, ou par vn peu d'amandement, & auec le labeur & culture, comme on faisoit iadis. Que si la meilleure terre de Sicile qui estoit le grenier des Romains, & tenuë encore generalement pour plus fèrtile que la France ne rapportoit que douze pour vn du temps de Ciceron, comme il tesmoigne luy-mesme en ses Verrines, qui ne voit que les terres communes & de mediocre bonté nous font encore pour le iourd'huy vn pareil, ou plus grand rapport, sans parler de certains endroits de la France, où la bonté du terroir donne vingt & trente pour vn, y ayant donc maintenant en noſtre Royaume pareille abondance de bleds, de vins, d'huile, de beſtial, de lin, de laines. Et en conſequence des autres choſes neceſſaires à l'homme dont les aliments ſont le fondement qu'il y auoit aux ſiecles paſſez, pourquoy dirons-nous qu'il y a vne plus grande cherté, ou diſette des biens, parce qu'il y en a vne plus grande abondance d'argent. que ſi la rareté d'argent qui eſtoit pour lors, ne rendoit pas les champs plus plantureux qu'ils eſtoient, pourquoy voulez-vous que la quantité que nous en auõs maintenant, les rende plus ſteriles. C'eſt vne choſe inouye que l'abondance doiue apporter la difette ou cherté, d'en donner maintenant plus d'argent, n'arguë pas vne plus grande cherté, mais vne plus grande abondance de ce metail. Quand les Espagnols à la premiere descouuerte des Indes, donnoient au Mexique six mille ducats d'vn cheual, & cinquante escus d'vne paire de bottes, ils ne les pensoyent pas achetter cherement: car cest argét ne leur coustoit rien, & leur estoit plus aisé de donner là six mille ducats, que soixante en Espagne.

Vous me direz que bien que la terre nous produise autant de bleds & de vins qu'elle faisoit iadis, nous ne laissons pourtát d'en auoir moins que le temps passé, pour la grande quantité que les traictes nous rauissent, le portans en Espagne en plus gráde abondance qu'anciennement, pour le besoin que ce peuple en a maintenant plus qu'il n'en auoit y a six vingts ans, nō que la terre d'Espagne ne soit aussi fertile qu'elle a iamais esté, mais elle n'est pas cultiuee en ce temps, comme elle estoit despuis que le Roy Ferdinand chassa les Mores l'an 1472. qui s'occupoyent apres le le labourage.

Et despuis la descouuerte des Indes les laboureurs & les artisans se sont faicts soldats: & partant negligeans les arts & le labourage, ils ont recours à nous, pour subuenir à leurs necessitez nous donnent des pistoles pour du bled, & si nous remplissons leurs sacs, ils nous remplissent nos bources. De là vient qu'il y a tousiours plus d'or & d'argent en France, & beaucoup moins de bled, qu'il n'y auroit.

I'aduouë à la verité que les traictes des grains sont maintenant plus grandes qu'elles n'estoient il y a cent ans, à cause qu'il nous en faut fournir non seulement l'Espagne, mais encore les Indes. Car le Roy d'Espagne craignant vne reuolte, ne permet point qu'on recueille du bled ny du vin en toute l'Amerique qu'en vne bien petite quantité limitee, affin que ses sujets de delà ne se puissent passer de l'Espagne. Et les Hollandois trouuans le bled de Danzich petit & noir ayment mieux se fournir du nostre, & nous en enleuent, vne assez bonne quantité tous les ans. Mais neantmoins auec tout cela, la France

France est si fertile, qu'il est bien difficile de l'espuiser, & quand les traictes ne seront point reglees, comme elles sont à la proportió de l'abondance ou disette des grains des bonnes ou mauuaises annees, encore n'en sort-il iamais tant du Royaume, qu'il n'en reste au dedans plus qu'on n'en sçauroit consumer, & de reserue en outre pour subuenir aux besoins de l'annee suiuante, si elle estoit si mauuaise qu'on n'en recueillit mesme que la semence. Et c'est lors proprement que le bled rencherit, non parce qu'on en donne beaucoup d'argent, mais parce qu'il manque au besoin: car du temps de Philippe II. l'an 1181. aux plus cheres annees on ne donnoit pas vn escu du septier de bled, & nous en donnons

d'auantage aux plus abondantes?
Il faudroit dõc aduoüer à ce conte, que leurs mauuaiſes annees en leur plus grande ſterilité eſtoient meilleures que les noſtres en la plus grande abondance.

I'adiouſte à cecy vne ſeconde raiſon, & dis que ſi les choſes n'ont augmenté de prix deſpuis cent ans & plus, elles n'ont aucunement renchery: (Ce que Bodin meſme ne voudroit nier attendu que c'eſt là deſſus qu'il fonde le rencheriſſement qu'il dit eſtre arriué par le temps) Or eſt-il que le prix des choſes n'a nullement augmẽté deſpuis lors. Il faut donc neceſſairement conclurre qu'elles n'ont renchery.

Pour mieux comprendre cecy, il faut preſuppoſer vne choſe tres-veritable, aſçauoir que prix eſt vn mot relatif qui se rapporte à quelque autre prix, & qu'aprecier vne chose est la comparer à quelque autre de mesme valeur, tout ainsi que peser quelque chose est la contre-balãcer auec quelque autre qui soit de mesme poids : Or tout ainsi que nous sçauons le poids de quelque chose par vn autre poids, comme le poids d'vn escu d'or, par vn autre poids de leton, ou de plomb, auquel il faut qu'il s'adiuste, de mesme pour sçauoir par exemple le prix du bled, il nous le faut contrepeser auec l'or & l'argent en la balãce, non des poids, mais de la valeur: & comme nous diuisons les poids en onces, & deniers, & en grains, nous pouuons aussi diuiser l'estenduë du prix en degrez de valeur, à la façon qu'on mesure la finesse de l'or par karats. Si donc au tẽps passé vn sestier de bled se donnoit pour dix souls de la monnoye qui en valoit vingt de la nostre, c'est que l'on estimoit autant cest argẽt pour estre alors fort rare que ce bled, qui ne l'estoit point, maintenant cet argent a tellement amoindry son prix en l'estime des hommes pour la grande quantité qu'il y en a, que si la piece de dix souls estoit en ce temps-là en tel degré de prix qu'elle fut par exemple six fois autant estimee qu'elle est maintenant parmy nous, pour y auoir pour lors 6. fois moins d'argent qu'il n'y a de ce temps. Il n'y a point de doute si la mesme mesure de bled retenoit encore son mesme prix, qu'il se trouueroit à present inegal, estant comparé auec ce peu d'argent, c'eſt pourquoy nous y en adiouſtons maintenant ſix foix autant, ſuppleans par la quantité ce qui manquoit aux degrez de valeur. Et par ainſi la matiere a creu, mais nō pas le prix qui reſpond au premier, & de la vn chaſcun peut voir que le prix de l'argent, quoy qu'il meſure le prix des autres choſes n'eſt pas pourtant fixe & ſtable, comme ſont les poids & meſures, mais qu'il change, accroit & diminuë, ſuyuant l'abondance & la rareté, tirant iceluy ſa valeur du iugement des hommes qui s'altere ſouuent ou par raiſon, ou par opinion.

Pour vn troiſieſme argument, ie dis que ce qui n'apporte aucune incommodité ne peut eſtre appellé cherté. Or eſt il que ceſte quantité d'argent qu'on donne maintenant n'incommode non plus qu'auparauant, c'est donc vne erreur manifeste de fonder la dessus la cherté. Or que cela n'incommode personne, ie le monstre visiblement par ceste supposition, prenez le cas qu'vn homme qui cueilloit vingt septiers de bled tous les ans, en despendit les dix pour sa nourriture, & les dix autres pour ses habits: auec ces dix septiers qu'il vendoit, il y a cent ans pour dix francs de nostre monnoye, il auoit six aulnes de drap, à tréte sols l'aune, qui n'é vallent que quinze des vieux; maintenát pour le mesme bled il aura tout autant de fin drap a trois escus l'aune, Il n'y a donc ny perte ny commodité de ceste la.

Mais pour mieux comprendre encote cecy, imaginez vous comme si quelcun de ces vieux Gaulois du temps passé reuenoit au monde auec vne bource de mille escus, & les voulut mettre en fons de terre, il se trouueroit bien estonné quand il luy faudroit mettre tout cest argent en vingt arpens seulement, duquel il croyoit achetter vn grand heritage : mais quand il auroit veu que ces vingt arpens luy rendent trente septiers de bled tous frais faicts, & qu'il aura soixante escus de ce bled, il ne trouuera pas qu'il l'aye achetté trop cher, l'ayant au denier seize, despuis, le boulenger qui luy viendra marchander son bled pensera l'acheter cheremét en dónant deux escus de ce qu'il auoit anciennement pour dix souls, mais quand il verra qu'il reçoit vn sou du pain qu'il vendoit vn denier, il trouuera qu'il s'y peut sauuer. Le masson en apres qui viendra pour ce pain, le trouuera bien cher à vn sou, luy qui l'auoit iadis pour vn denier, mais quand il verra qu'au lieu de six deniers qu'anciennement il auoit pour le trauail d'vn iour, il touche maintenant douze souls, il trouuera qu'il n'y a rien de perdu.

Tellement que tout conté & rabbatu la quantité d'argent qu'on donne maintenant de tout ce qu'on achette plus que on ne faisoit il y a deux cens ans n'a causé qu'vne cherté imaginaire, & non pas reelle, contre l'opinion du Vulgaire, & du docte Bodin qui s'est mespris en cecy, ou pour parler plus modestement d'vn si grand personnage, qui a trop licentieusement abusé du nom de cherté la fondant sur la quantité & non sur la qualité de l'or, & de l'argent à proportion du prix que l'abondance ou la rareté leur donne en l'estime des hommes.

Ceste quantité neantmoins qui semble auoir renchery toutes choses à porté du dommage aux mineurs à qui les ayeuls, & bisayeuls auoient laissé des rentes constituées en bled pour la nourriture de leur famille: car les debiteurs s'estimans lezés, ne payent plus qu'en argent suiuant les Arrests dõnez en leur faueur que l'on peut veoir dans le

Iuriſconſulte du Moulin, non au denier dix comme eſtoyent les rentes auant l'an mil cinq cents, mais au denier ſeize ou vingt, & ce encore a raiſon de la ſomme conſtituée, non pas du prix du bled d'à preſent.

Les Iuges eſtimans les contracts vſuraires, comme ils ſont veritablement qui doublent le ſort principal en trois ou quatre ans, comme ils ſeroient indubitablement, s'il falloit payer ceſte rente en telle quantité de grain que iadis, ou en autant d'argent comme il vaut a preſent. Ainſi celuy qui auoit tous les ans vingt ſeptiers de bled pour la conſtitution de cent eſcus lors que le bled ne valloit que dix souls, qui reuenoit a vingt souls de nostre monnoye, n'en aura maintenant que quatre septiers, ou huict escus en argent. Ainsi le debiteur gaigne ce que le creancier à perdu.

Mais l'affoiblissement des monnoyes n'est pas moins preiudiciable aux mesmes rentes payées en argent. Car les terres qui donnoient cent souls de menus cens, du temps de Sainct Louys qui valloient trente liures de nostre monnoye, n'en payent maintenant que la sixiesme partie. Les gages encore des officiers de Iustice se sont de beaucoup amoindris en ceste façon. Car les cinq cents liures qui leur furent ordonnées anciennement estoient des francs d'or qui valloient quatre liures des nostres; tellement qu'ils tiroient a raison de deux mille francs par an, qui estoient honnestement pour lors qu'il faisoit si bon viure, & qu'on n'alloit en carrosse, ny en housse, & qu'on ne portoit soustane de satin, ou de damas, ny chappeau de castor. Aussi ne prenoient ils rien pour leurs vaccations, mais quelques boëtes de dragée qu'on appelloit espices données de courtoise en faisoit la raison. Maintenant qu'ils n'ont que le quart de ce qui leur fut anciennement ordonné, ayant auec cela si cherement achetté leurs estats qui ne se vendoient pas alors, ils ne sçauroient s'entretenir ſeulement d'habits pour les gages qu'ils tirent de leurs eſtats. Le meſme en puis-ie dire des obits, & autres pies fondations laiſſées en argent, qui ne peuuent quaſi maintenant payer la cire qu'on y bruſle.

Les lecteurs Royaux, & les Profeſſeurs des colleges ſe reſſentent encore de ce mal par la perte de la moitié de leurs gages. Car ce qu'ils auoient ſeulement ſoubs le Roy François premier eſtoit plus que ſuffiſant de les entretenir honorablemẽt; maintenant c'eſt bien tout ſi des meſmes gages diminuez en valeur, ils en peuuent viure tellement quellement

Et voila ma propoſitió qu'aucuns eſtiment paradoxique, tellement auerée & prouuée par tant de raisons & d'authoritez, que c'est vne opiniastreté de ne vouloir démordre de la premiere, & vne ignorance affectée en ceux qui ne veulent comprendre qu'vne chose n'est pas absoluement plus chere pour laquelle il faut donner plus d'argent. Cela seroit bon si la mesme quantité d'or & d'argent estoit autant prisee pour le iourd'huy qu'elle estoit en ces temps qu'il y en auoit fort peu. Mais ayant raualle de prix en l'estime des hommes, on ne peut dire à bon droict qu'on prise dauantage les choses pour en donner plus d'argent: attendu que nous auons dit cy dessus, que les choses qui ne sont en estime que pour leur rareté, comme est l'or & l'argent entre les metaux, diminuent de leur valeur à mesure qu'elles croissent en nombre & quantité. Si quatre escus donc ne sont pas maintenant plus prisez qu'estoit lors vn escu; il n'y a point de doute que ce que nous achettons pour le iourd'huy quatre escus. n'est pas vendu plus cher, que lors qu'on ne l'achettoit qu'vn escu.

Voulez-vous que ie vous die d'où prouient la cherté, c'est de la disette des choses necessaires, quand les annees manquent, & ne rendent à beaucoup pres ce qu'elles ont accoustumé, c'est lors que les denrees viennent a proprement rencherir. Car estans en beaucoup moindre quantité vne année que l'autre, sans qu'il y ait plus d'argent durant ceste disette, il est bien raisonnable qu'on y en employe aussi d'auantage. Mais quand les biens foisonent auec telle abondance que les années ne doiuent rien a celles du temps passé, pourquoy dirons nous qu'ils ont renchery, parce que nous en donnós plus d'argent ? Car cherté comme nous auons dict, signifie disette, & ne prouient que du manquement de ce que nous auions accoustumé d'auoir en plus grãde abondance. Que si l'heritage que m'ont laissé mes deuanciers de temps immemorial, ne me dõne pas plus de reuenu maintenant qu'il faisoit a eux, il y a deux cens ans: c'est à dire, que les chãps ne me rapportent point d'auantage, ie ne me dois pas estimer plus riche pour les affermer cinq cens cés escus auiourd'huy, lesquels ils n'affermoient possible qu'à cent: car ie ne fay pas plus auec cinq cés escus, qu'ils faisoiét pour lors auec cent: d'où vient que ie n'ay pas occasion de les priser d'auantage qu'ils estimoient les leurs en ce temps-là, ny d'appeller plus cher ce que i'achette auec cest argent: car mon terroir me la produit & multiplié par le moyen des fruicts qu'il m'a rendu, sans en auoir pour cela rapporté plus que de l'ordinaire. D'où l'on peut voir clairement que ceste abondance d'or & d'argent que nous voyons maintenant espandu par toute l'Europe, a faict quelque changement aux ventes & achets, mais il n'a pas faict que rien en aye renchery pour cela; il a seulement augmenté le luxe par la quantité des dorures, & de la vaisselle d'argent.

Or ceste grande abondance de ces deux metaux precieux augmente & diminuë, suiuãt le cours du temps. Les Lacedemoniens ayãs voüé vne statuë d'or à Apollon Amyclean, ne sceurent iamais trouuer en toute la Grece assez d'or pour la faire, mais furent contrains de l'aller achetter en Lydie. Et Hieron Roy de Sicile ne sçeut iamais trouuer en toute l'Italie assez d'or pour en faire vne table massiue qu'il vouloit offrir au temple de Delfes, & feut demeuré court sans vn citoyen de Corinthe, qui luy fournit le surplus de ce qu'il luy manquoit. Mais despuis que la Grece eut butiné l'Asie sous le grand Alexandre, & Rome sous Luculle, l'or vint à tel meſpris, qu'on l'employoit à receuoir les excremens du corps, dequoy ſe pleint Martial en vn certain Epigramme. Deſpuis le rauage des Gots il s'eſtoit fait fort rare, iuſqu'à ce que l'abondance en eſt retournee à la deſcouuerte des Indes Occidentales, faicte par les Eſpagnols, qui fut l'an 1495. Mais les grands threſors d'Atapalipa Roy de Cuſco, qui premierement enrichirent l'Eſpagne, n'y furent apportez qu'en l'an 1533. Et douze ans apres qui fut 1545. ſe deſcouurirẽt les mines de Potoſi, & de Guayna au Perou, où l'on a trouué quatre veines d'argent, dont le filon eſt en aucuns endroits large de ſix pieds. L'vne qui s'appelle la riche, à 78. rameaux, qui s'eſtendent bien au long & au large, &

que l'on n'a ſçeu encore eſpuiſer iuſqu'a maintenant. C'eſt ceſt argent dont la flotte d'Eſpagne ſe charge apres l'auoir purgé, & le porte à Seuille tous les ans en telle quantité que dans les premiers trente & huict ans, c'eſt à dire, iuſqu'à l'an 1583. le dro'ct du Roy, qui n'eſt que le quint, ſe monta cent & vnze millions de poids, le poids valant treze reales, qui font vn eſcu d'or, comme il ſe voit dans la recepte de la chambre des Indes. Adiouſtez à ce nombre les autres quatre quarts des particuliers, & vous trouuerez qu'en Eſpagne ſont entrez dans trente huict ans ſeulemẽt cinq cens cinquãte cinq millons d'or en argẽt. Deſpuis l'an huictante trois iuſqu'à maintenant, qui font trente ſix annees. La flotte aura faict trente six voyages, chascune valant au Roy vn million d'or & demy pour sa part, qui font sept millions & demy qu'elle doit porter chasque fois, dont i'infere qu'en ces trente six ans elle en aura porte 270. millions, lesquels ioincts aux autres cinq cens cinquante cinq feront huict cens vingt-cinq millions, ausquels il faut adiouster l'or que les riches mines de Malaca, qu'aucuns estiment estre la doree Chersonnese des anciẽs, ou celles de Soffala en Ethiopie, d'où l'on croit que le Roy Salomon tiroit ceste grande quantité d'or d'Ofir, ont produit despuis le temps que les Portugais les possedent, desquels deux lieux on faict estat que l'Espagne ait annuellement tiré plus d'vn million il y a pres de cent ans.

Tellement que l'on pourroit dire que despuis cent ans sont entrez en l'Europe par la porte de l'Espagne ou de Portugal, plus de neuf cens millions d'or, tant en argent qu'en or, lequel s'est espandu par toutes les Prouinces, plus ou moins, suyuant que le trafic ou l'industrie des peuples y en a peu attirer. La France de sa part a deux cordes, ou pour mieux dire, deux Aimans pour en attirer deuers soy, comme elle faict tous les ans, asçauoir, les bleds que les Espagnols viennent charger à noz haures tant de l'Ocean que de la mer Mediterranee, & les toiles & chanure pour les voiles, & le cordage des flottes, qui s'armēt à Lysbonne & à Seuille, outre cela elle en a deux autres qui sont les vins & le sel, pour en attirer l'argent de ses autres voisins, comme est l'Angleterre & la Flandre, sans conter le pastel du Languedoc, qui a donné beaucoup d'argent estranger à la France.

Or ceste creuë s'est manifestement veuë de temps en téps augmenter & grossir en France par la melioration des finances du Roy qui sont tousiours allees en augmentant. Charles cinquiesme ne tiroit que trois cens mille liures pour toutes charges. Son successeur monta à quatre cens cinquãte mille. Charles VII. l'annee qu'il mourut, leua contant les charges & le domaine, dix-sept cens mille liures. Louys XI. tiroit de la Frãce quatre millions de liures, Louys XII. vint à vn million & demy d'or. Sous François premier se leuoit vn peu plus de trois milliós:

Six millions sous Henry second. Charles IX. monta iusqu'à sept: Henry troisiesme arriua iusqu'à dix. Le feu Roy n'en leuoit pas moins de vnze, & l'on est arriué quelquesfois iusqu'à douze, voire iusques à quatorze. Et tout cela prouient de ce que nouueaux lingots d'or & d'argent viennent tousiours en lumiere de dessous terre, lesquels estans comme semez de surcroit par tout le Royaume, font qu'on les recueille en plus grande abondance, & que le reuenu du Roy en augmente. Ce que ne pouuans penetrer beaucoup de gens de parmy le monde, estiment que le peuple soit maintenant plus foulé par ce qu'on impose à present plus d'argent qu'on ne faisoit soubs ces autres Rois; sous lesquels les tailles & les ſubſides ſe montoient ſi peu. Mais ils ne voyent pas que les impoſts n'ont pas augmenté pour cela, & que le peuple n'en eſt pas plus greué pour en dóner plus d'argent. Il eſt auſſi aiſé au payſan de donner maintenant deux eſcus pour ſa quotte portion cóme alors vn teſton : car il n'eſt pas beſoin d'aller querir ceſt argent aux Indes, mais vn chaſcun le faict ſur le champ, en vendant quelque ſac de bled. Or auſſi bié falloit-il anciennement ſe desfaire d'vn ſeptier de bled pour auoir vn teſton, comme on faict aujourd'huy pour auoir deux eſcus. On n'eſt donc pas plus foulé maintenant qu'on pouuoit eſtre alors, ny le Royaume auec ce peu d'argét n'en eſtoit pas moins riche : car on ſoldoyoit autant ou plus grand nombre de gens de guerre que l'on fait à present, le ſoldat s'eſtimant bien gagé quãd il tiroit demy eſcu le mois, qui eſtoit vn ſou le iour, auec lequel il faiſoit auſſi bonne chere, ou peut eſtre meilleure qu'on ne faict maintenant auec dix. Et ſi la choſe vous ſemble eſtrange, conſiderez ie vous prie qu'encores à preſent en Suede Royaume qui n'eſt guiere pecunieux, le ſoldat n'a que cinq marques le mois, qui font enuiron trente huict ſols de noſtre monnoye, & les Capitaines ne tirẽt que trois dalles & demy, qui ne valent guiere plus de huict liures.

Et ie ne doute nullemeut qu'auec le temps ceſte quantité d'or & d'argent ne vienne à ſe diminuer en telle façon, que les choſes ſeront reduictes en ce premier eſtat, auquel on les eſtimoit eſtre à beaucoup meilleur prix qu'on ne faict maintenant: Car les mines de Potoſi ne dureront pas touſiours, & faut neceſſairement croire que ces veines & filons prendront quelque fin, tellement que n'en venant plus de ſurcroit, ceſte grande quantité qui roule maintenant à tas & à monceaux, s'eſuanoüira dans moins de temps qu'elle n'eſt venuë.

Mais comme eſt il poſſible, dira quelqu'vn, que l'or & l'argét que nous auons dit eſtre incorruptibles, ſe puiſſent perdre & conſumer par le temps? Mais cóme eſt il poſſible, luy reſpondray-ie, que celuy qui eſtoit au monde il y a deux ou trois mille ans, ſe ſoit perdu. Car où ſont maintenant les grands threſors du Roy Dauid qui montoient à cent mille talens d'or, qui valent ſix cens millions deſcus, à ſix mille eſcus le talent d'or, comme le met Vigenaire, & vn million de talens d'argent, qui font autres ſix cens millions d'eſcus, à ſix cens eſcus le talent, ſuyuant la proportion ancienne de l'or à l'argent qui eſtoit decuple, & m'eſtonne pourquoy Bodin n'a faict mõter ceſte ſomme que ſix vingts mille eſcus, faiſant valoir par ce moyen le talẽt d'or ſix cens eſcus ſeulemẽt, qui en vaut ſix mille, & celuy d'argẽt ſoixante eſcus, qui en vaut ſix cẽs. Ceſte ſomme donc du Roy Dauid comprend douze cens millions d'eſcus, leſquels il laiſſa en or & en argent à ſon fils Salomõ, comme nous tesmoigne l'histoire sacree aux Paralipomenes. Que si vous trouuez la somme excessiue, & vouliez reduire les talens d'or à 600. escus, encore trouuerez-vous six cens soixante millions d'escus. Ou sont encore ceux de Salomon, qui surmonterent de beaucoup ceux de son pere, & qui remplit sa ville de Hierusalem de tant d'or & d'argent tiré des mines de Soffala, ou de Malaca, ou comme aucuns estiment du Peru mesme, qui luy pouuoit auoir esté cognu qu'il y en auoit autant comme de pierres. Ce qu'on pourroit prendre pour hyperbole, n'estoit qu'au mesme lieu de l'histoire des Rois, il est dit qu'on ne faisoit nul estat de l'argent, & qu'il n'auoit aucun prix. Ou sont allees les deſpouilles de ce ſuperbe temple, qui eſtoit non ſeulement doré, mais couuert de lames d'or dedans & dehors. Ou ſont les lingots de Seſoſtris Roy d'Egypte qui en laiſſa pour plus de deux cens millions d'or: ou ceux du grand Cyrus de Perſe, aux coffres duquel on trouua trois cens millions d'eſcus en argent, & quarante & vn million en or. Ou ceux de Darius qui en auoit pour deux cens millions. Mais que diray-ie des grands threſors qu'auoit accumulé le Califfe de Baldac. Car Aiton Armenien raconte, qu'il ſeroit difficile de trouuer en tout le monde autant d'or & d'argent comme il s'en trouua dans ſon Palais, alors qu'il fut pris par Alam, Empereur des Tartares, lequel pour punir l'auarice de ce miserable qui de peur de toucher à ses thresors, ne s'estoit mis en aucun deuoir de se mettre en deffence contre son ennemy, l'enferma dans vne chambre pleine d'or & de pierres precieuses, sans luy faire donner à manger, & ainsi le pauure Calife mourut de faim au milieu de ses plus grandes richesses, où c'est fondu tout cest or, & tant d'autre que les histoires nous tesmoignent auoir esté d'autresfois en la puissance des hommes. Le Peru n'en a fourny encore en cent ans & plus, qu'il y a qu'on la trouue, la moitié seulement de ce que le seul Dauid en laissa au Roy Salomon. Ou est allé donc tout cest or, & ceste si grande quantité d'argent; De dire que les Roys de l'Asie, soit le Persan, soit le

Turc,qui occupe maintenant son Royaume,en ayent herité, & les possedent pour le iourd'huy,il n'y a point d'apparence: car en tout l'Empire du Turc, du Sophy, ny du grand Cam de Tartarie ne sçauroient rouler deux cens millions d'or & d'argent.

Mais parlons seulement de l'Europe: car nous sçauons mieux la quantité d'or & d'argét qui s'y peut à peu pres retrouuer. La France faict enuiron la douziesme partie de l'Europe,& n'est pas des moins pecunieuses,si ne pense-ie pas qu'il se puisse treuuer en tout le Royaume seize millions d'or ou d'argent faict: car encore bien que le Roy les tire, ce n'est pas pourtant à la fois; mais à mesure que l'espargne en reçoit d'vn costé, elle en distribue de

l'autre

l'autre, ressemblant à la mer qui rend tout autant d'eau, comme elle en reçoit des riuieres. Par ceste supputation, donques il s'ensuiuroit qu'en toute l'Europe ne se trouueroient plus de deux cés millions d'or, soit en or ou en argent. Et neátmoins cest or Tholosain si fameux, & autant fatal à ceux qui le pillerent comme le cheual Seian à ses maistres, c'est or dis-ie, qui estoit au thresor de l'oracle d'Apollon à Tolose, au lieu où est maintenant l'Eglise de la Daurade, montoit suyuant Iustin, à la somme de 20. millions d'or, sans conter l'argent, duquel il y auoit dix milliós de marcs, qui valent deux cés milliōs de liures. Zonaras autheur Grec escrit que Basile Empereur de Constantinople auoit dás ses thresors deux cens mille talens d'or, qui sont suyuant Budee, six vingts millions d'escus. Sept ans auant la troisiesme guerre Punique les Romains, comme tesmoigne Pline, auoient dans leur thresor public cent vingt-neuf milliõs d'or, en or, sans conter l'argent. Voila seulement en trois chefs pres de trois cens trente cinq millions tirez de trois seules Prouinces, & nous n'en sçaurions trouuer deux cens millions en toute l'Europe, où est allé donc tout cela? Il faut necessairement dire que la plus grande partie s'est consumee, ou à tout le moins perduë pour les hommes. Si vous me demandez comment ie vous diray qu'en quatre manieres l'or & l'argent s'en va peu à peu, se perd, & s'enfuit d'entre nos mains.

La premiere eſt par les broderies, les gazes, les brocats & les autres toiles d'or & d'argent, auec tant de paſſemens, crepines, friſons, & canetilles, en quoy l'on ne ſçauroit eſtimer la quantité d'or & d'argent, que l'on y gaſte par tout le monde. Ie dis gaſter: car tout cela s'enuole en atomes, ſans qu'on en puiſſe recueillir du debris que bien petites reliques. A cecy i'adiouſte les dorures, nó pas des Orfeures, mais celles qu'ó faict aux planchers, aux lambris, aux meubles, aux armes, aux friſes & moulures des cheminees & des tableaux; & ſur tout aux Egliſes és dorures des voutes, des piliers, des murailles, des autels, des chapelles, des images en boſſe & en relief, ou l'or n'eſt non plus eſpargné que le vernis ou la lacque, principalement aux Eglises d'Espagne où l'or reluit de tous costez. Combien pensez-vous qu'il s'en perde & consume en tout ce que ie viens de nommer? sans que iamais on en puisse rien retirer. On employe huict mille sequins à dorer le Bucentore de Venise dedans & dehors, que l'on racle tant qu'on voudra, on n'en sçauroit recueillir dix sequins.

Or les anciens Romains ne l'espargnoient non plus, le perdans inutilement à des folles despences, comme Caligula qui faisoit couurir de limaille d'or toute l'arene du Colisee. Et Neron quel degast en fit-il à dorer ce grand Palais qu'il fit, dont les galeries estoient longues de demy lieuë, qu'on appelloit le Palais doré, à cause que tout reluisoit d'or au dedans. Suetone raconte que soixante mille liures de fin or, entrerent à la dorure du Capitole, qui font plus de sept millions, que l'Empereur Vespasian y employa tout d'vn coup. Combien s'en est il encore perdu aux dorures des temples, qu'ils ne se contentoient pas de dorer au dedans, mais les couuroyent encore d'or, comme fit Agrippa le Pantheon, qu'on appelle maintenant la rotonde. Ce n'estoit donc sans raison si le Poëte satyrique s'exclame.

Dicite Pontifices in templo quid facit aurum.

Voila donc vn grand trou par lequel vne bonne partie de l'or & de l'argent qui est parmy nous s'escoule & se dissipe.

La ſeconde cauſe qui le fait diminuer & deſcroiſtre, non pas en ſa ſubſtance, mais bien en l'vſage & commerce des hommes, eſt la grande quantité de vaiſelle d'argent en laquelle on l'employe: car il n'y a Cõſeiller, Threſorier, Eueſque, ny Abbé, qui n'en vueille auoir ſon buffet, & vn ſeruice tout entier & complet, iuſqu'aux cuuettes, aux chenets, aux broches, aux haſtiers, aux pots marmites, & toute la batterie de cuiſine que l'on a veu d'argent en des maiſons particulieres, il n'y a ſi petit artiſan qui ne tache d'en auoir le baſſin, l'aiguiere, & la coupe, ou pour le moins la ſaliere, auec la demy douzaine de cuilliers. Mais que dirons-nous de l'argenterie des Princes & grands ſeigneurs, & de tant de vases, soit blanc, soit vermeil doré qui sont chez les Orfeures, ie m'asseure que cinq cens charrettes ne sçauroient enleuer toute la vaisselle d'argent qui est seulemẽt à Paris, & il n'en faudroit pas trois cens, pour enleuer l'or & l'argent monnoyé, qui est par tout le Royaume. Adioustez a cecy tant de chaisnes d'or, tant de carquans, tant de demy ceints, de ceintures, d'anneaux, boutons, iazerans, & autres semblables parures faictes d'orfeurerie, auec les enchasseures de tant de pierreries aux enseignes, colliers, bracelets, & autres manufactures, sans conter les dorures des esperons & des gardes d'espees, que l'on faict maintenãt toutes d'argent massif. Or combien que ce soit vne richesse pour les particuliers qui ont ceste grãde quantité d'argent mis en œuure : si est-il neantmoins inutile pour le commerce qui consiste à vendre & achetter auec de l'argent monnoyé, ne seruant non plus la vaisselle d'argent pour cest effect, que si elle estoit encore en la mine dedans sa marchasitte. Mais plus perdu beaucoup, sans comparaison, est pour l'vsage & le commerce humain, l'or & l'argent qui est en grãdissime quantité dans les temples, reduit en vases sacrez en calices, en chandeliers, en croix, en bastons, en crucifix en lãpes, & sur tout en chasses & reliquaires, à quoy certainement il est propre, & ne sçauroit estre plus dignement employé.

Mais il y en a vne telle abondance dans la Chrestienté, que si la necessité nous contreignoit de nous en seruir en quelque iuste guerre, cóme la charité qui couure toutes choses, a fait d'autresfois descouurir l'Eglise S. Denis, qui estoit couuerte d'argent, on pourroit souldoyer vne puissante armee contre le Turc, ou pour le chasser de l'Europe, ou pour la conqueste du S. Sepulchre: Car les seules Eglises de nostre Dame de Lorette en Italie, de Monserrat, de Guadalupe, & de S. Iaques de Galice, sans y comprendre celles de Rome pourroiét d'effrayer à vn extreme besoin deux cens mille hommes pour vn an.

La troisiesme cause qui faict l'or & l'argent rare parmy le módeest la reserue que chascun tache d'en faire, le tenant enfermé dans les coffres, pour quelque bonne occasion, laquelle ne se presentera peut estre iamais. Mais sur tout les reserues que font les Rois & les Princes d'vne partie de leur reuenu, appauurissent merueilleusement vn Royaume. Et si cela venoit à continuer longuement, il n'y a point de doute que tout l'argent des particuliers seroit espuisé dans quelques annees. Mais il suruient de temps en temps quelque guerre ou estrangere, ou ciuille, qui faict ouurir ces magasins, & respendre en vn an ce qui auoit esté ramassé en dix. C'est bien vne grande commodité pour le Prince d'auoir cest amas, & reserue d'or, & d'argent dans ses coffres: car il a deuers soy le plus puissant nerf de l'estat, & la force asseuree pour deffendre ou pour attaquer, mais les particuliers priuez de l'vsage de ces deniers, ne s'en ressentent non plus que s'ils estoient dans la mine, & leur sont tout autant inutiles, n'estoit qu'ils esperent que le temps fera naistre quelque occasion pour les relancer de leur fort, & les courir en foule pour en auoir quelque curee.

En ceste façon reposent en Italie sans voir le Soleil plus de cinquante millions. On tient que dans la Zeque de Venise y ait plus de quinze millions, tant de la seigneurie que des particuliers, que l'on peut voir en des grands coffres de fer, & en vne chaisne d'or de telle grandeur & grosseur, qu'il n'est pas croyable ce qu'on dit qu'il faut d'hommes pour la porter. Ce thresor s'est accumulé peu à peu despuis quarante ans en ça qu'ils ont commencé de mettre cinq cens mille ducats tous les ans de reserue. Bien est vray que ces dernieres guerres contre les Scochs, l'Archiduc Ferdinand à present Empereur, & le Duc Dossone, auec ce qu'ils ont foncé pour le Duc de Sauoye contre les Espagnols, peut auoir faict quelque bresche à ce tas L'office de S. George à Genes a de long temps accumumulé vne grande quantité de deniers, il est vray qu'on en faict trafiquer vne bonne partie, comme font aussi les Luquois & les Florentins. Mais le grand Duc de Toscane a reputation d'en estre mieux fourny que Prince d'Italie : Car on tient que son pere trouua dans le thresor de son predecesseur plus de dix millions d'or, lesquels ny luy, ny ses successeurs n'ont eu occasion de despendre extraordinairemēt, mais bien plustost de les augmenter par le trafic; & le benefice de la paix, dont ils ioüissent il y a lōg temps. Alfonse second, Duc de Ferrare en auoit mis à part douze millions, qui n'ont fait que changer de maistre. Le Pape en peut auoir faict vne bonne prouision despuis quatorze ans qu'il regne, au moins s'il a esté si bon mesnager que le Pape Sixte cinquiesme, qui laissa cinq millions d'or dās le Chasteau sainct Ange dans cinq ans & demy qu'il vescut en son Pontificat, encore qu'il eust faict de tres grādes despences en fonteines, Aqueducs, Obelicques, Palais, & Eglises, qu'il a ou basti de nouueau, ou paracheué de bastir: ou comme Sixte quatriesme, qui auoit accoustumé de dire, que tant qu'il pourroit auoir du papier & de l'ancre, iamais argent ne luy manqueroit, & de faict on trouue que le Pape Iean XXII. laissa vingt & trois millions d'or apres sa mort, qui semble estre beaucoup pour vn Pape. Le Roy d'Angleterre à present regnant, trouua quatre millions dans les coffres de la feu Royne Elisabet, bien qu'elle eust soustenu le fais de plusieurs guerres, tant dedans que dehors le Royaume. Et luy qui a iouy despuis d'vne profonde paix, en doit auoir accreu le nombre. Muley Xeq Roy de Fez & Maroc, estant poursuiui par Muley Cidan se retira deuers le Roy d'Espagne il y a quelques annees auec son thresor qui estoit quasi tout en or, & montant à dix ou douze millions d'escus, que le Roy luy permit de mettre au chasteau de Carmona en l'Andalousie pour plus grande asseurance.

Mais que dirons-nous du grād thresor qu'ōt accumulé les Ducs de Moscouie, despuis vn si long temps qu'ils dominent vne si grande estenduë de païs. Philippe Perpisten enuoyé Ambassadeur de la part de l'Empereur Maximilien au grand Duc Iean troisiesme, raconte que Basile mit pour vne fois dans le chasteau de Mosco trois cens charrettees d'or & d'argent. Le Roy de Suede amasse tout l'or & l'argent de son Royaume, & en despouilla ses sujets, pour en faire vn amas qui doit estre bien grand. Car il y a long temps qu'on met tous les ans six ou sept cens mille talents en reserue. Le Roy de Dannemarc n'en doit auoir accumulé guiere moins, quand il ne deuroit mettre à part que la gabelle qu'il tire du destroit de Sont, par où faut que passent toutes les nauires de la ligne Hauseatique, qui viennent chargees de bled de Riga, de Dauzich, de Lubec, & autres ports de la mer baltique, luy deuans vn escu pour voile, qui monte à vne somme incroyable, pour le grand nombre de vaisseaux qu'il y passe. Il ne faut icy mettre en ligne de conte le thresor de l'Empire; car les continuelles guerres d'Hongrie & Transyluanie, pour ne dire rien des modernes contre les protestans, ne permettent de rien espargner.

Le mesme pourrois-ie dire du grand

grand Turc, qui ſeroit pour auoir des grands monceaux d'or & d'argent, s'il n'eſtoit forcé de les eſpuiſer aux expeditions contre le Perſan, auſquelles ſon reuenu ne pouuant ſuffire la plus part du temps, il eſt contraint d'affoiblir la monnoye, & augmenter le prix des Sultanins, ce qui fit il n'y a guiere, mutiner de telle façon les Ianiſſaires, qu'ils mirent le feu à Conſtantinople, & donnerent vne bien chaude allarme au grand Seigneur. Mais auſſi d'ailleurs les Bachas ont des grands threſors qu'ils tiennent cachez, de peur que le grand Seigneur le ſçachant ne leur face mettre ſus quelque vannie pour en auoir la confiſcation. Naſuf grand viſir qu'Acmet premier du nom, fit eſtrangler par le Buſtangi Baſſa il y a cinq ou six ans, laissa huict cens mille sequins tous faicts, auec vn boisseau de Diamans bruts. Mais les Sultanes sont de vrayes harpies qui entassent autant d'or dans leurs coffres, comme les Griffons des Arimaspes dedans leurs nids. Combien en deuoit auoir amassé la sœur de Selim second, puis qu'elle auoit de rente iournalliere deux mille cinq cens Sultanins, qui font douze cens seize mille six cés soixante & six escus tous les ans, de laquelle somme elle ne despendoit quasi rien estant deffrayee par les cótinuels presens qu'on luy faisoit.

Il n'y a Prince qui peut faire de plus grandes reserues que le Roy d'Espagne, tant à cause de l'or des Indes, que des grands apports de ses estats; mais à peine cela peut-il fournir pour deffrayer les flottes, & entretenir tant de garnisons qu'il a d'vn costé & d'autre. Tellement que la mise esgalle, ou passe bien souuent la Recepte.

Pour le regard de la France, elle ne sçait nullement que c'est que reserue s'estimant bien heureuse quand il n'est deu rien au bout de l'annee, & qu'on n'anticipe sur les quartiers. On auoit bien commencé de faire quelque espargne il y a douze ou quinze ans en mettant tous les ans demy million dedans la Bastille, mais cela n'a guiere duré, & ce qui y estoit n'y a pas long temps seiourné. Encore est-ce bien assez mesnagé que l'on aye payé vne bonne partie des debtes que le Roy Henry second a laissé, montans à vingt & ſix millions. Et neantmoins ſon Pere François premier, apres auoir ſouſtenu la deſpence de tant de guerres, tant dedãs que dehors le Royaume, & auoir payé contant deux milliõs d'or en or pour ſa rençon, laiſſa dix-ſept cens mille eſcus dans l'Eſpargne, bien qu'il ne tiraſt de la France que la moitié de ce que ſon fils en tira deſpuis.

I'eſpere que noſtre Roy moyennant la faueur de la paix, & la ſage conduite de celuy a qui pour ſes vertus & merites il a voulu donner la ſurintendance de ſes finances, les meſnagera de telle façon qu'en quelque ſaiſon qu'on l'attaque, il aura touſiours des armes en ſon arſenat, & de l'argent tout preſt en ſon Eſpargne, pour ſe faire redouter à ſes ennemis, n'embitionnant pas moins, outre le titre de IVSTE, qui luy est desia tout acquis, la gloire d'estre appellé du nom de c'est autre Louys XII. qui pour auoir laissé la France pleine d'or & d'argent, fut communement appellé le Pere du peuple.

Or cest argent de reserue que l'on met au thresor, deuroit estre tellement sacré, qu'on n'y osast toucher qu'a vne grande extremité, comme estoit celuy que les Romains appelloient *Sanctius ærarium.*, auquel il n'estoit permis de toucher qu'en vn seul cas, à sçauoir, lors qu'ils seroient attaquez des Gaulois. En quoy i'approuue l'inuention du sieur de Nouïent du temps du Roy Charles sixiesme, lequel ayant la charge des finances, fit mettre tout l'or qui estoit à l'espargne en lingots, ayant encore deliberé de les ietter en fonte, & les conuertir en vn Cerf, pour modelle duquel il auoit faict faire ce Cerf doré qui estoit en la grand' sale du Palais auant qu'elle bruslat, afin d'oster le moyen à ce ieune Prince liberal de sa nature, de dissiper prodigalement ses moyens: combien que quelques vns disent ce Cerf auoir esté faict en memoire de ceste agreable songe qui meut le Roy à l'entreprise de la guerre de Flandre, auec vne heureuse issuë. Ainsi les Romains tenoient la part de leur or en forme de briques ou tuiles, comme nous colligeons de Pline, qui dit que Iule Cesar tira du thresor vingt & six mille de ces tuilles d'or. Nous lisons qu'vn certain Roy d'Angleterre tenoit tout l'or, & l'argent, qu'il auoit en forme de buches, menaçant de battre à coups de cottrets tous ceux qui entreprendroyent contre lüy. C'est le bruit cómun d'Italie qu'en la maison d'Esté sont les doutze Apostres en or de la grandeur ordinaire d'vn homme. Il n'y a point de doute si cela est, que la forme n'aye conserué la matiere, qui n'auroit pas duré iusqu'à maintenant sous les ordinaires especes de la monnoye courante. Bien est vray que la necessité met tout en besoigne, & que la faim de l'or ne pardóne pas aux autels, puis que l'on ne faict point de difficulté de coupper mesmes les bras des Saincts, quãd ils sont d'or & d'argent, comme on fit à ce grand &

fameux Crucifix d'or massif que l'on dit auoir esté du temps des derniers troubles à S. Denys. Or assemblés maintenāt tout en blot, à sçauoir l'or des clinquans, des brocats, des dorures & broderies, toute la vaisselle & autres manufectures d'argent, qui sont aux maisons particulieres, & dans les Eglises, auec tous ces thresors que les Roys & les Princes tiennent serrez dans les coffres de leur espargne, & vous trouuerez que l'or & l'argent monnoyé qui court parmy les hommes, pour la commodite du cōmerce, n'en faict pas la dixiesme partie: Ce qui le fait plus rare qu'il ne seroit autrement, non seulement en Europe, mais encore par tout le monde: car le Persan, le Tartare, & les autres Roys, tant de l'Asie, que de l'Affrique ſont plus ſoigneux encore de les amonceler en leurs magaſins, que nous ne faiſons par deça.

On tient que le grand Negus autrement dit le Preſtre jan, a vn monde d'or & d'argent, amaſſé deſpuis pluſieurs ſiecles dans la forteresſe du mont Amara, tant par ſes deuanciers, que par l'induſtrie qu'il vſe à l'augmenter, en tirãt à ſoy tout ce qu'il s'en trouue de faict ou nó faict en tous ſes Royaumes, où ſes ſujets ſont cótrains de faire courir parmy eux des grains de ſel, cóme i'ay deſia dit cy deuant. Or ce que ie viens de dire des richeſſes de ce grand Roy des Abyſſins, ſe peut verifier par les offres qu'il fit au Roy de Portugal, promettant de l'aſſiſter contre le Turc de mille fois cét mille dragmes d'or, qui font cent millions d'escus. Ce qu'il peut faire sans s'incommoder, ny desgarnir de beaucoup son espargne: attendu qu'il y a vn fort long tẽps que l'on y met tous les ans trois millions de reserue. Le mesme faict encore le grand Cam de Tartarie, ne laissant aux siés pour toute richesse que leur monnoye de carton, ou bien des coquilles. Tellement que l'on faict estat qu'il aye des thresors inestimables dans Taindu, ou dans Cambalu. Le Roy de Narsinga tire douze millions d'or de ses estats, desquels il en met en reserue trois millions tous les ans: quel thresor doit il auoir en reserue pour le iourd'huy, si ses predecesseurs ont fait comme luy.

Les Relations de la Chine nous

font foy que ce Roy tire de ses pays six vingts millions tous les ans : Ce qu'on ne doit trouuer estrange, si l'on considere que son Royaume est dix fois plus grand que la France, & qu'il ne laisse guiere à ses sujets que le vestir & le viure quotidien. Il ne laisse neantmoins à ce qu'on dit, d'en despédre pres de trois quarts tant pour sa famille, que pour l'entretien de la milice dispersee en quatre cens gros bourgs au nombre de quatre cens mille, mettant donc en reserue le quart de son reuenu, qui sont trente millions, il aura seulement en dix ans trois cens millions, & s'il y a cent ans que les Roys de la Chine font ceste espargne, à combien montera tout cela, & quelles mõnoyes d'or & d'argent y doit-il auoir dans ses magasins.

Mais quelle prouiſion en deuoit auoir le Roy de Cambaïa, puisqu'allãt contre l'Idalcan auec vne armee de ſept cent mille cõbattans ſi nous croyons à Pierre Maffee en ſon hiſtoire de l'Inde Orientale, il faiſoit conduire cinq cens tonneaux d'or & d'argent, qu'il auoit pris de ſon threſor, pour payer ceſte grande armee. Il ne ſe faut donc pas eſtonner ſi le grand Mogor qui le deffit, & qui s'eſt reueſtu de toutes les deſpouilles non ſeulement de ce Roy, mais de la plus part de l'Inde tant deça que delà le Gange, ſe faict ſeruir à chaſque repas de quatre vingts plats d'or, dans leſquels il ne mange iamais qu'vne fois. D'où l'on peut colliger la grande quantité qu'il en doit auoir. Et voila la troiſieſme cauſe qui rend l'or & l'argent moins frequent parmy le cõmerce des hommes.

Mais la quatrieſme & derniere cauſe faict bien encore pis: car elle le faict entierement diſparoiſtre pour en priuer les humains, ou à iamais, ou pour vn long tẽps. Ce ſont les pertes qui arriuent ſouuent, ou par les naufrages, ou par l'occultation des threſors que l'auarice, ou la crainte de les perdre enfoüit & enſeuelit dedans terre, pour leur faire tenir priſon perpetuelle. Par les naufrages on ne ſçauroit dire la quantité d'or & d'argent que la mer a englouty deſpuis qu'on a commencé de faire rouler les vaiſſeaux ſur ſes ondes, d'où les poëtes auroient autant de ſujet de faire le trident de Neptune doré, comme ils font le Sceptre de Pluton & de Proſerpine. Pour moy ie ne voudroy point d'autre mine si la mer tarissoit, que fouiller dans son lict, ou sans doute se trouueroiét de plus grands thresors que sous terre: Car il n'est annee qu'en plus de cent endroicts la mer ne prenne le tribut de quelque naufrage, pour laquelle enrichir le pyrate qui aura escumé fort long temps par les costes, & sur les destroits, à la fin luy rendra dans vne heure tout l'amas qu'il auoit faict en vingt ans. L'argent qui descend par la grand riuiere de Plata n'arriue pas tout à Seuille: la mer y prend ses droicts bien souuent, soit par la tempeste, soit par l'effort des Corsaires: car les conducteurs de la flotte s'obligent par serment au cas qu'ils soyent les plus foibles, de mettre le feu aux poudres, & se faire griller, ou bié troüer les nauires, & les faire couler à fons, plustost que de permettre qu'autres s'en puissent preualoir que leur Prince.

Mais ce n'est rien au prix des grands thresors qui sont cachez sous terre, desquels il y a vn si grand nombre par tout le móde, & qui empeschent que nous ne soyons si riches comme nous deurions estre: attendu que sans eux nous aurions tout l'or des anciens & le nostre. Ceste generale perte arriue de temps en temps par la desolation de tout vn païs, qui aura esté cõquis de nouueau. Combien d'or & d'argent pensez-vous que l'on enseuelit dans les caues & jardins de Constantinople, le iour qu'elle fut prise par Mahemet second? Combien encore en fut il caché par toutes les autres villes de la Grece, si riches & si opulentes, dont les vaincus & les victorieux en demeurerent frustrez Ceux là pour auoir esté massacrez ou bannis tout a faict, ceux-cy pour ne les sçauoir descouurir. Combien en fut-il caché à Rome où tout l'Vniuers auoit deschargé ses plus precieuses despouilles, à la venuë des Gots, qui à guise d'vne creuë d'eau inonderent toute l'Italie, saccageâs les villes. & exterminans tous les habitans, pour s'y habituer eux-mesmes. Quelle quantité d'or & d'argent demeure ecclipsee sous les masures de tant de ruines & embrasemens qu'ils ont faict par toute l'Europe?

Nous lisons que lors qu'Attila Roy des Huns, qui se faisoit nommer

nommer le fleau de Dieu, raua-
gea la grande & florissante ville
d'Aquilee, des ruines de laquelle
fut bastie Venise, que les plus riches de tout ce païs se retirerent
à Treuise sur les lagunes du goulfe Adriatique, & qu'ils apporte-
rent quant & eux ce qu'ils auoiēt
de plus precieux pour le sauuer en
ceste ville, qui estoit alors des plus
fortes: mais les barbares ayans
encore donné iusqu'a là, prirent
la ville, & tuerent tout ce qui s'y
trouua, sans auoir neantmoins
beaucoup profité du pillage: Car
les habitans auoient jetté l'or, l'argent, & tous leurs ioyaux dans vn
puits, qu'ils auoient comblé, &
tellement couuert, qu'aucun ve-
stige n'en apparoissoit. Passé que
fut l'orage du barbare vainqueur,
ame viuante ne resta qui peut de-

ſcouurir ce threſor; le bruit ſeulement, & la renommee à qui rien ne peut eſtre caché, en a tranſmis le rapport, auec la creance qu'il y a vne infinité de richeſſes dedãs ce puits, lequel on a cherché deſpuis, & continuë-on de chercher encore auiourd'huy, auec telle aſſeurance qu'il y eſt, que lors que l'on vend vn arpét de terre à Treuiſe, le vendeur cedant tous les droicts qu'il auoit, ſe reſerue neãtmoins le droict du puits, le notaire n'oubliant iamais ceſte clauſe, *Saluo iure putei*, comme s'il vouloit dire, que ſi parauanture le puits dont eſt queſtion venoit à ſe deſcouurir, dans ſon champ, il ne pretend point luy auoir vendu le threſor qui s'y trouuera.

Pluſieurs autres ſemblables ou encore plus grand threſors y a-il espendus çà & là par le monde, cachez bien auant dessous terre, soit en mónoye tant anciéne que moderne, soit en masse, ou manufacture, cóme estoit la table d'or massif, autour de laquelle estoiét l'Empereur, sa femme & ses enfans en leur grandeur ordinaire, le tout aussi d'or massif qui fut trouuee en Poictou l'an 1195. du temps du Roy Philippe Dieudonné, & qui causa la mort du Roy d'Angleterre, ou comme celuy qui fut mis dans le sepulchre d'Attila, pour lequel bastir on fit destourner le Po, au fonds duquel on enseuelit ce grand Roy auec vne infinité d'or, d'argent, & de pierrerie, comme il auoit ordonné, & pour en frustrer à iamais l'auarice de ceux qui viendront apres, on fit repasser la riuiere par son lict naturel. Ce que vous ne trouuerez pas estrange, si vous considerez que c'estoit la coustume ancienne des Rois de Leuãt, laquelle dure encore pour le iourd'huy de mettre des thresors dedans leurs sepulchres. Iosephe raconte qu'au temps d'Antiochus fils de Demetrius Hircan grand Prestre de Hierusalem, ouurit le Sepulchre du Roy Dauid, d'où il tira trois mille talens, qui font dix & huict cens mille escus, pour deliurer la ville de Hierusalem qui estoit assiegee. De quoy se resouuenant, Herode quelque temps apres voulut aller fouiller dans le mesme sepulchre: mais vne soudaine flamme sortant de ces lieux sous-terrains, luy brusla la barbe & les habillemens, le renuoyant auec cest affront. De mesme trouuons-nous que Darius fut trompé, ayant faict ouurir le tombeau de Semiramis, inuité par vne inscription qui promettoit de grandissimes thresors à celuy qui les chercheroit: mais au fons il en trouua vne autre qui luy reprochoit son auarice, comme raconte Herodote. Les Rois des Indes ne se cótentent pas de faire enseuelir quant & eux grand quantité d'or & d'argent, mais se fournissent encore de viures, & prennent des lettres de change pour l'autre monde que leur baillent les Bonzes. Par là dóc on peut voir qu'on auoit accoustumé d'enfouïr les thresors dedans les sepulchres, & que les loix n'eussent pas estably de si grieues peines aux violateurs d'iceux, si d'esperance qu'on auoit d'y butiner quelque chose, n'y eust attiré les voleurs. Or ces thresors se retrouuent quelque fois par hazard, ou dãs les fondemẽs, ou en labourant dans les champs, comme fut celuy qui fut retrouué en l'Appouille du temps du Roy Robert, vn laboureur ayant descouuert vne statuë de marbre dressee sur vn perron, auec vn escriteau qui disoit qu'aux Calẽdes de May, au leuer du Soleil elle auroit la teste d'or. Ce qu'estant interpreté par vn Sarrasin, on attendit le premier iour de May, & là où l'ombre de la teste de ceste statuë donna au leuer du Soleil, fut trouué en foüissant la terre vn grand vase plein d'or. Par hazard encore fut trouué ce thresor, duquel le grand Olaus Archeuesque de Gothie faict mention qu'vn serpent descouurit à Frileue Roy de Dannemarc soubs vn grand arbre que cest animal auoit arraché en se debattát pour auoir esté blessé à mort par le Roy, Quelquesfois on les void en songe, comme il arriua à Gontran Roy d'Orleans fils de Clotaire, estant vn iour à la chasse: car s'estant endormy sur les genoux d'vn sien escuyer qu'il auoit auec luy, voicy vn petit animal, cóme vne bellette qui sort de la bouche du Roy, lequel s'essayoit de passer vn petit ruisseau qu'il y auoit là contre, l'escuyer desgainant son espee la mit sur le ruisseau, sur laquelle ayant passé le petit animal entra dans vne cauerne d'vne montagne prochaine, puis reuint tout incontinent, & repassant sur la mesme espee rentra dans la bouche du Roy: lequel s'estant esueillé raconta, comme il auoit songé en dormant qu'il auoit passé vne riuiere sur vn pont de fer, & estoit entré dans vne cauerne, où il auoit trouué grand' quantité d'or. L'Escuyer luy ayant racõté ce qu'il auoit veu; on fit chercher en ce mesme lieu où estoit allé le petit animal, & furent trouuez de grãdissimes thresors, comme raconte Paul Diacre.

Paracelse Alleman nomme quelques endroicts, où il dit y auoir des thresors cachez: Ie ne sçay s'il vouloit se donner carriere pour se faire estimer, ou s'il l'auoit apris d'Agrippa, qui veut enseigner le moyen de trouuer les thresors; plusieurs cerueaux mal timbrez, adioustans foy au dire de ces imposteurs, font tousiours apres à foüyr & creuser, tantost aux caues, tantost aux baricaues, & autres lieux où ils pensent trouuer ces thresors, despendans le certain pour l'incertain, & l'asseuré pour le casuel en ceste longue & laborieuse recherche. Les vns pensent les trouuer auec le triangle du couldrier, les autres ont recours aux charmes, pour coniurer les esprits qui les gardent: car ils tiennent qu'a chasque thresor preside vn Demon gardien d'iceluy, & qui est merueilleusement soigneux que personne ny touche, le reseruant pour l'Antechrist, comme on dit, qui doit par ce moyen se rendre Monarque de tout l'Vniuers. La saincte Escriture appelle ces esprits-là Mammons, & Paracelse, Pygmees parce qu'ils apparoissent en la forme de petits nains, & molestans merueilleusement ceux qui trauaillét aux mines. Ils apparoissent encore souuent en forme de serpent, d'où vient que les anciens auoiét accoustumé de grauer vn dragon sur les lieux où reposoient les thresors. Ce qui a donné occasion aux poëtes de dire que les põmes d'or des Gorgones ou Hesperides & la toison de Colchos estoient gardees par des dragons.

Voila donc comme l'or & l'argent se perd au monde: mais voulez-vous sçauoir encore comme vn Royaume s'en appauurit? c'est lors qu'il en sort beaucoup, & en entre peu, comme il arriue à ceux qui n'ayans point de mines, sont contraints pour la sterilité du terroir qui ne les peut nourrir, de changer l'or & l'argent qu'ils ont pour des alimens. Telle ſeroit l'Eſpagne ſans l'or des Indes: Car elle employe bien plus d'argent en bleds, qu'elle n'en retire de ſes laines. Telle ſeroit la ville de Gennes ſans le trafic, & l'induſtrie des habitans. Et bien que noſtre France aye, comme nous auons dit cy-deſſus deux grandes portes, par leſquelles l'argent des eſtrangers y entre, qui ſont les bleds & les vins. Il y en a pourtant d'autres par où il ſort en telle abondance, que ie m'eſtonne comme il nous en demeure vn ſou: car il s'en va tous les ans plus de deux millions à Cóſtantinople, portés par les Marſillois: L'Italie nous en rauit pour le moins autant, par les toiles d'or & d'argent, les clinquans, & paſſemens de Milan, les velours, les ſatins, & les bas de ſoye. La Cour de Rome nous en tire beaucoup par les Annates, bulles, & diſpences, qui montent à vn million d'or chaſqu'an l'vn pourtant l'autre, comme remarque l'autheur du ſecret des finances de France, ſans mettre en ligne de conte ce que les François qui vont voir l'Italie y portent tous les ans, n'en rapportans iamais que pour leur voyage. Mais ce n'eſt rien au prix des grandes pertes que nous auons faict tout à coup, & qui ont eſpuiſé la France par pluſieurs fois, ſans leſquelles nous aurions plus de cinquante millions d'or & d'argent que nous n'auons point. L'vne a eſté la priſe du Roy S. Louys, pour lequel rachetter furent tirees huict mille liures d'or de la France. L'autre la priſe du Roy Iean, qui cousta trois millions d'or pour luy, & autant pour le reste des prisonniers. La troisiesme du temps du Roy François premier, pour lequel il fallut donner trois cens mulets chargez d'or. Tellement que voila plus de dix milliõs d'or tirez de la France, & portez en Affrique, en Angleterre & en Espagne; perte beaucoup plus grande que si les Rois en eussent despendu dix fois autant en bastimens, ou mesmes en choses superflues: car tout demeure tousiours dãs le Royaume. Mais combien en ont deuoré les croisades faictes en diuers temps? Ie croy que la seule France a enrichi le Leuant de plus de vingt millions de sa part. Combien encore en a elle laissé en Italie despuis Charles huictiesme iusqu'a Henry second, où nous auons tenu des armees de trente & quarante mille hómes l'espace de tant d'annees, pour lesquelles deffrayer ie m'asseure qu'on a faict passer au delà des monts plus de vingt millions d'or en diuerses fois.

Par ces quatre raisons que ie viens d'ammener, on peut voir clairement comme l'or & l'argét se perd de iour en iour, & se va diminuant en telle façon, que si nouuelles mines ne se descouurét, ou que quelque Alchimiste ne rencontre l'Elixir, ou la fixation du Mercure, on le verra reduict à la mesme, ou possible plus grande rareté qui ait iamais esté: car le filon de Potosi, & de Guyana, à ce que disent les Espagnols, ne peuuent guiere plus long temps durer. D'où s'ensuiura encore que les choſes ſeront reduites au meſme taux qu'elles eſtoient il y a cent ans, c'eſt à dire qu'elles couſteront moins d'argent, ſans qu'elles raualéτ pour cela de leur iuſte prix & valeur. Au contraire i'eſtime qu'elles viendront pluſtoſt à récherir, pour l'eſtime que l'on fera de l'or & de l'argent en ceſte diſette. Comme ie tiés pour tout aſſeuré qu'vne partie d'icelles a pluſtoſt rauallé que monté de prix, à cauſe de l'abondance de ce metail: ce que l'on peut comprendre, meſurant à proportion chaſque choſe. Vous me direz que pour cinq eſcus on auoit iadis vingt ſeptiers de bled: mais vous ne dites pas que pour auoir ceſt argent il vous falloit tout ce bled. Pour faire donc vn habit de velours à vn eſcu l'aulne, comme il estoit alors, il vous y falloit employer vingt septiers de bled, vous n'en despendrez pas maintenant plus de quinze qui l'a dóc à meilleur marché? nous ou les anciens?

Et certes il n'y a point de l'apparence que l'inuention de beaucoup de choses, qui par le temps ont facilité les mestiers,& les arts mechaniques, n'ayent quant & quant apporté le bon marché plustost que la cherté. Quand plus de gens s'occupent apres vn mestier, quand on accourcit le temps, qu'on facilite l'œuure, qu'on amoindrit la peine, qu'on faict la quantité de besoigne, il ne faut pas douter que le bon marché n'en prouienne. Combien d'artifices nouueaux ont esté mis au iour, pour faciliter les façons

de

de la ſoye que nos majeurs n'auoient point ? Vn homme maintenant file plus de ſoye en vne heure par le moyen d'vne grande roüe qui faict virer plus de mille fuſeaux, que cét perſonnes n'euſſent faict en vn iour. On a planté tant & tant de meuriers, on eſleue tant de vers en Touraine & ailleurs tant de monde s'occupe apres la ſoye, on nous en apporte de tous coſtez, voire de l'extremité de l'Aſie, on faict les manufactures chez nous, il y en a ſi grãde abondance, & vous ne voulez pas que tout cela nous la donne à meilleur marché. Si les bas de ſoye n'euſſent eſté plus chers il y a cent ans qu'ils ne ſont maintenant, tout le monde en euſt auſſi bien porté comme on faict aujourd'huy. Et les aurons encore à meilleur prix ſi l'inuention d'vn certain Anglois reuſſit qui ſe promet de les faire au meſtier, cõme on faict les autres draps de ſoye, & qu'vn homme en pourra faire vne paire par iour, qui ſeroit vne grande eſpargne : car en matiere de bas de ſoye, la façon couſte le double plus que ne faict la matiere. Le velours, le ſatin, le damas n'eſtoient du commencement que pour les Princes & grands ſeigneurs, il n'y a pour le iourd'huy ſi petit clerc du Palais qui n'en porte. D'où peut venir cela? ſinon que ces eſtoffes eſtoient fort cheres au temps paſſé, & que tout le monde n'auoit pas le moyen d'en porter, comme on a maintenant; car il n'y a pragmatique ny reglement qui en eut peu deffendre l'vſage, ſi le couſt ne l'euſt deffendu.

Or ce que ie viens de dire touchant les draps de ſoye, ſe doit encore entendre du papier, de l'Imprimerie, des graueurs en taille douce, du verre des mirouers, des monſtres, des dantelles & paſſemens, bref d'vne infinité d'autres choſes, que l'induſtrie des hommes a rendu plus aiſees à faire, & dont le temps nous a produit des abbregez pour en accõmoder vn chaſcun, & pour rendre commun ce qui eſtoit plus rare, & par conſequent bien plus cher, encore qu'il couſtat moins d'argent. Mais les eſtats & offices principalement de iudicature, que ie ſuis contraint d'exempter de la reigle ont veritablement augmẽté de prix en quelle façon que vous le preniez, voire doublé

& triplé despuis peu de temps, sans les rapporter à ceste creuë d'argent, comme nous auōs faict des autres marchandises, mais la cherté s'y est introduite, par l'ambition de ceux qui veulent achetter l'honneur si cherement au preiudice de leur famille, ne faisans point de difficulté de transporter l'argent d'vne rente constituee, qui leur rendoit quatre mille frács tous les ans à l'achapt d'vn office de Conseiller qui ne leur en dōne guiere plus de quatre ou cinq cens, & moins encore lors qu'il faloit payer le droict annuel. Que si nous estimons vne terre bien chere que l'on vend au denier quarante, que sera-ce d'vn estat qu'on achette bié plus qu'au denier cent, quoy qu'il ne soit pas stable comme est vn fons, mais ſnbjeĉt a eſtre perdu pour les heritiers.

Iuſqu'icy ie pretens auoir rendu probable vne propoſition qui ſembloit tout d'abord eſtre paradoxique, à ſçauoir que les denrees & la plus part des marchandiſes n'ont point renchery, mais qu'au contraire toutes choſes sõt a beaucoup meilleur conte pour le iourd'huy, ſi vous en exceptez les eſtats & offices, qu'elles n'eſtoient au temps paſſé. Maintenant i'entreprens d'en prouuer vne autre qui n'eſt guiere approuuee des eſtrangers, ny de la plus part des François: à ſçauoir, que la France eſt vn des Royaumes le moins foulé qui ſoit en tout le monde, & que le Roy ne charge point ſon peuple ſi deſmeſurément que l'on crie.

Maximilian d'Austriche grãd pere de Charles le Quint; auoit accoustumé de dire qu'il estoit Roy des Rois (parce qu'il estoit Empereur) que le Roy d'Espagne estoit Roy des hommes, & que celuy de France estoit Roy des asnes, voulant signifier qu'il chargeoit les François en bestes, de gros & pezants fardeaux d'impositions, non pas en hommes comme il estimoit, que les Espagnols sont traictez. Mais il me semble qu'il estoit assez mal informé des affaires de France sur ce subiect. Plus modestement parloit celuy qui disoit, que le Roy de France estoit Pasteur des moutons à la toison d'or, qu'il tondoit toutes & quantes-fois qu'il en auoit de besoin. Auec semblable gentillesse, disoit Louys vnziesme, que la France estoit vn pré fleury, tousiours verdissant, & tousiours herbu, qu'il fauchoit quand il luy plaisoit. C'estoit donc le traicter d'vne autre façon, que le grand seigneur ne traicte ses pays, ou ceux de ses voisins : car on dit que par tout où son cheual met le pied, il ne croit iamais d'herbe. Mais pour mieux faire ce parallele des charges qu'ont les autres estats auec celles de ce Royaume, faisons vne reueuë par tous les autres païs, & voyons comme les seigneurs y traictent leurs subiects.

Si ie ne visois à la briefueté, ie pourrois icy mettre en ieu les exactions onereuses des anciens, & principalement des Romains qui greuoyent leurs ſubiects par cinquante ſix manieres d'impoſitions de diuerſe eſpece, deſquelles ie me contenteray d'en apporter quelques vnes des plus eſtranges, & moins communes. Pour ne dire donc rien des Decimes de tous les fruicts, du vingtieſme des ſucceſſions teſtamentaires, de l'huictieſme partie de tout ce qui ſe vendoit, comme on peut voir au Code *l. 7. de vectig.* ce qui greuoit merueilleuſement les Prouinces, eſtoit le tribut qui ſe leuoit par teſte, appellé d'eux capitation (qui eſtoit vne marque de captiuité, comme remarque Tertulian en ſon Apologetique.) Car nous trouuons que du temps de l'Empereur Iulian nos anciens Gaulois eſtoient taxez à vingt cinq eſcus d'or par teſte, comme raconte Ammian

Marcellin, laquelle impoſition, comme eſtant au delà des bornes de toute raiſon, Iulian modera, la reduiſant à ſept eſcus, tandis qu'il ſeiournoit à Paris, où il paſſa vn hyuer. Si la Gaule eſtoit autant peuplee pour lors comme elle eſt maintenant, ou l'on cõte quinze millions d'ames, il falloit dire que ceſte ſeule Prouince dõnoit aux Romains de tribut annuel trois cens ſeptante cinq millions d'or, & ſous l'Empereur Iulian 105. millions nonobſtant ſa moderation. Neantmoins du tẽps de Iules Ceſar la Gaule ne payoit que dix millions, comme teſmoigne Eutrope. Antoine cottiſa l'Aſie mineur, qui eſt ce qu'on appelle la Natolie à deux cens millions d'or, comme dit Plutarque, mais ce ne fuſt qu'vne fois payé.

Toutesfois elle ne laissoit de payer annuellement vingt millions d'or, comme on peut voir dans Appian Alexandrin. Il ne faut donc trouuer estrange si les Romains faisoyent de si grandes magnificences, & mettoyent aux champs de si puissantes armees, puis qu'ez garnisons ez frontieres ils souldoyoient d'ordinaire deux cens mille hommes de pied, quarante mille cheuaux, quinze cens galleres, & deux mille vaisseaux ronds, c'estoient les forces Romaines sous Adrian, comme tesmoigne Appiā au proëme des guerres ciuiles, lesquelles ils n'eussent peu desfrayer ny entretenir, sans vn grand reuenu, qui montoit à cent cinquante millions d'or tous les ans, comme remarque le docte Lypse, somme qui passe de beaucoup le reuenu que l'on donne au Roy de la Chine.

Mais que direz-vous s'ils n'auoient point de honte d'exiger vn tribut de l'vrine, contraignant vn chascun de pisser en certains vases preparez pour cela, comme dit Macrobe en ses Saturnales. L'Empereur Vespasian en fust l'inuenteur, ainsi que tesmoigne Dion, disant qu'il vendoit par apres ceste vrine à ceux qui teignoient l'escarlate, & trouuoit que l'argent qui en prouenoit ne sentoit pas mal, comme il fit esprouuer à son fils Titus qui le blasmoit de ceste sale vsure. Manasses en ses Politiques raconte qu'à Constanstinople du temps de l'Empereur Zenon, on leuoit semblable tribut, non seulement de l'vrine, mais encore de reste. Et payoit vn chacun vne piece d'argent pour cela. Cedrenus tesmoigne le mesme en la vie de l'Empereur Anastase. Ce tribut s'appelloit Chrysargyron, institué par Constantin le Grand, comme tesmoigne Zozimus.

L'Empereur Nicephore fut plus ingenieux; car il mit vn tribut dessus la fumee qu'on appelloit Capnicon, cóme raconte Zonare historien Grec, mais il n'en explique pas la façon. Ie croy qu'il se leuoit sur chasque cheminee, cóme on faict en Lorraine. Michel Paphlagon en vint iusqu'a là, cóme dit Cedrenus, que d'exiger d'vn chascun quelque chose, pour l'air que l'on respire, comme si l'air eust esté à luy, dequoy se pleignant le grand sainct Chrysostome, NOUS vendons dit il les Elemens, les chemins sont tributaires, & l'air mesme est venal. Pline se pleint encore de ce que de son temps on imposoit tribut sur l'ombre de certains arbres, voire mesme dessus les morts, comme remarque encore Xiphilin en la vie de Neron, disant, quil n'estoit pas permis à Rome de mourir sãs tribut. Ie laisse à part les confiscations tyranniques de plusieurs Empereurs, qui ne faisoient difficulté de faire mourir les plus innocens pour auoir leur bien. Ie ne dis rien des extorsions & violences que les publiquains exerçoient à l'endroit d'vn chascun, pour lesquelles ceste race de gẽs estoit abominable non seulemẽt en Iudee, mais encore par toute l'estenduë de l'Empire Romain.

Les autres Rois n'estoient pas plus humains: Car les Pharaons en Egypte prenoyent la cinquiesme partie de tout le reuenu du pays, cóme nous lisons au Genese. Mais les Roys des Indiens tiroyẽt le quart des biẽs de leurs subiets, tesmoin Diodore Sicilien. Strabon rapporte que la Cappadoce, païs de petite estenduë, outre l'or & l'argent auquel elle estoit cottisee, deuoit encore au Persan tous les ans, quinze cens cheuaux, deux mille mulets, & cinquante mille brebis. Que dirois-tu Paris s'il te falloit payer tous les iours à ton Roy vingt mille escus d'or, qui font vingt & vn million, & neuf cens mille liures tous les ans, comme Constantinople payoit à l'Empereur suyuant le rapport de Benjamin en ſon itineraire, ou comme Babylone, laquelle ainſi que rapporte Herodote, faiſoit au Roy de Perſe tous les iours de l'annee vne artabe d'argent, qui eſt ſuyuant la ſupputation de Budee la vingtquatrieſme partie d'vn muy de bled meſure de Paris, à ſçauoir vne mine. N'eſt ce pas bien allé pour vne ville, de donner tous les iours ſix boiſſeaux d'argent de tribut. Mais que dirons-nous du tribut des Iuifs, ie ne dis pas de celuy qu'ils payoient aux Romains: car il ne paſſoit pas deux dragmes pour teſte, ce qui eſtoit ſi peu que l'Egypte, cóme dit Ioſephe, payoit plus en vn mois que toute la Iudee en vn an: or l'Egypte ne payoit que ſept millions, comme teſmoigne Strabon, la Iudee dõc n'eſtoit pas fort greuee par les Romains.

Ie parle donc de ce qu'elle payoit bien long temps auparauant soubs ses Rois, & principalement sous le Roy Dauid. Ce Roy qui se loüe luy-mesme de sa mansuetude, deuoit par necessité auoir fait de grandes exactions sur son peuple, puis qu'au bout de quarante ans qu'il regna, il laissa douze cens millions d'or & d'argent à son fils Salomon, comme il se lit aux Paralipomenes. S'il auoit reserué par an la moitié de son reuenu, qui est beaucoup, il falloit qu'il leuat annuellement soixante millions d'or de la Palestine: mais posons le cas qu'il n'eust rië despendu, tant pour l'entretien de sa maison Royalle, que pour les frais des guerres qu'il luy fallut soustenir contre ses voisins, & contre son propre fils, ne parlons que

que des douze cens millions qu'il auoit amassé dans les quarante ans qu'il regna, encore trouuerez-vous qu'il y a trente millions d'or pour chasque an, & neantmoins son Royaume n'est pas si grand que le quart de la France. Il faudroit donc à ce conte que la France fournit tous les ans six vingts millions à son Roy. D'où l'on peut voir que si la Palestine payoit douze escus, la France n'en paye qu'vn.

Le Roy Salomon aggraua bien encore d'auantage sur les imposts de son Pere, comme on peut colliger du troisiesme liure des Rois, où le peuple recourt à Roboam, le priant de le descharger des intolerables subsides que son pere Salomon leur auoit imposé. Si ce Roy qui trouua douze cens millions dans l'eſpargne, qui ramaſſa tant d'or & tant d'argent des païs eſtrangers, qu'on n'en faiſoit non plus d'eſtat que des pierres; & qui n'euſt point de guerre durant ſon regne, apres auoir foulé tellement ſes ſujets, qu'ils ſont contraints d'exclamer, & de dire qu'ils n'en peuuét plus, a neantmoins emporté le titre de Sage, par excellence, emportant encore auec ſoy les regrets de ſó peuple qui l'adoroit. Quels eloges donnera la France à ſon Roy qui la traicte ſi doucemét au prix de ces Roys là? Certainement ceſtuy-cy eſt plus que Salomon.

Vous direz que Salomon deſpendit beaucoup à la fabrique du temple, mais ie reſpons que l'or qu'il faiſoit venir d'Offir pouuoit ſuffire à cela; outre que les plus riches contribuerent pour ceste effect cinq mille talens d'or, dix mille talens d'argent, dix-huict mille talens d'airain, & cent mille de fer. Sa principalle despence donc estoit à l'entretien de sa maison, auec vn luxe, & vne superfluité desmesuree. Manger tous les iours à sa table trente bœufs, cent moutõs, tant de cerfs & de venaison, & vne infinité de volaille, auoir cinquante deux mille cheuaux en ses escueries, quatorze cens coches. Estre si pompeux en habits, si splendide en ses meubles, & en tout l'equipage de son train. Combien luy despendoient ses cõcubines dont il en auoit plus qu'il n'y a de iours en l'an, outre sept cens qu'il tenoit pour ses femmes portans titre de Royne. Quels monceaux d'or & d'argent, falloit-il pour deffrayer tout cela magnifiquement, se laissant aller iusqu'a là que de bastir des superbes temples à leurs faux dieux, de telle & si excessiue despence, que les fondemens mesmes estoient de pierres precieuses, comme de Iaspe & d'Agathe, & s'estãt rendu si complaisant que d'offrir de l'encens aux Idoles de ses maistresses pour l'amour d'elles. O France que tu te trouueras espargnee si tu te compares aux regnes du temps passé. O Rois de France, qu'on vous trouuera discrets, sages, courtois, & gens de bien, si l'on vous met en parallele auec les anciens. Mais laissant à part le passé, venons maintenant à ceux de nostre temps.

Les Chinois outre les droicts

qu'ils payent à leurs Preſtres & Sacrificateurs, dont il y a vn grād nombre, ne laiſſent pas de payer au Roy la dixieſme partie de toutes les choſes que la terre produit : car l'on diſme là non ſeulement les grains, comme ris, orge & froment, mais encore l'huile, le lin, la laine, le cotton, la ſoye, les metaux, les perles, & pierreries, le beſtial, le ſuccre, le miel, le rheubarbe, le camfre, le vermillon, le paſtel, le muſc, l'ambre, & vne infinité d'autres choſes iuſqu'aux herbes du iardin, à la façon que faiſoient anciennement les Preſtres de la loy Iudaïque. Ils ne ſont pourtant exempts des autres tributs ordinaires qu'on impoſe par tout ailleurs, comme gabelles du ſel & autres marchandiſes, entrees, ſorties, &c. Voire mesme le Roy participe au gain des filles de ioye, dont il y en a vn nombre infiny. Il ne permet qu'il y aye en son pays ny Conte ny Baron, ny autre personne particuliere qui amasse de grand biés. Tellement que le meilleur du Royaume venant entre ses mains, il ne faut point trouuer estrange s'il tire tous les ans six vingts millions d'or, ny tenir ceste somme pour incroyable. Si les François estoyent ainsi traictez, qu'est-ce que l'on diroit? Il sembleroit que tout fut perdu, & qu'il n'y eust moyen de pouuoir subsister: neantmoins ce peuple accoustumé de tout temps à ce ioug, boit cela doux comme laict.

Le Roy de Siam qui tient des grands païs au delà du Gange, s'est approprié toutes les terres de ſes ſujets, leſquelles il afferme à moitié de proffit, comme nous faiſons icy à nos metayers, & par ce moyen tire la moitié de tous les reuenus du Royaume, comme fit iadis Guillaume le conquerant apres auoir conqueſté l'Angleterre, & Hortarius Roy des Lombards en fit le meſme à l'endroit de ſes ſujets, comme racóte Paul Diacre, charge qui ſurpaſſe de beaucoup celle des Egyptiens, qui ne payoient que le quint à leurs Pharaons apres leur auoir vendu tout leur territoire, par l'induſtrie de Ioſeph.

Le Roy de Biſnagar principal ſeigneur des Malabares, & vn des plus puiſſans qui ſoient entre l'Inde & le Gange, traicte bien encore plus rigoureuſement ſes ſujets: car s'eſtant rendu maiſtre de tout le fonds des terroirs, il ne laiſſe à ce peuple que les bras & la peine, les traiƈtant en eſclaues. Tellement qu'il prend tout pour luy, ne faiſant part de ſes moyens qu'aux gens de guerre, dont il entretient vn grand nombre, & ne mettant le reſte qu'au rang des beſtes brutes.

Le grand Mogor dont nous auons parlé cy deuant, outre ce qu'il deſpouille ſes ſujets de tout ce qu'ils ont, les traiƈtant à la façon que les Romains traiƈtoient leurs eſclaues, met encore des grands tributs ſur l'eau des riuieres, ſoit pour boire, ſoit pour s'y baigner, ou pour autres vſages, principalement ſur celle du Gange, d'où il tire vne infinité de deniers: car les Mores, & les autres Mahometains tiennent l'eau de ce fleuue pour sainĉte, à cause qu'ils l'estiment venir du Paradis terrestre. Et comme ils sont merueilleusement superstitieux, croyent que ceste eau les doiue nettoyer de tous leurs pechez. C'est pourquoy ils l'enuoyent querir de bien loing à grands frais, pour en faire leurs lauemens ordinaires. Et plusieurs y en a, qui se voyans pres de leur fin, se font porter sur le bord de ce fleuue, & meurent là les pieds dans l'eau, estimans que ses ondes emportẽt dans la mer toutes les souilleures de leur ame. Le Roy du païs est bien aise d'entretenir ceste folle creance, pour le grand reuenu qu'il en tire.

Le Roy du Iappon employe tous ses sujets à la guerre & aux bastimens, sans qu'il luy en couſte rien : car ils ſont tenus de le ſeruir à leurs propres couſts & deſpens, qui eſt vne choſe bien deplorable, eſtát l'ouurier digne de ſon ſalaire, ou pour le moins de ſa vie. Le Roy d'a preſent nõ-mé Faſſiba ſe veut immortaliſer par le moyen des fabriques, ſoit dės temples, ſoit des palais, pourſuyuát de baſtir ceux que ſon pere Nabunanga auoit commencez, & en entreprenant de nouueaux, auec telle multitude d'ouuriers que Quabacondono ſon grand pere en faiſoit trauailler trois cens mille tout à la fois à vn ſeul edifice. D'où l'on peut voir la miſere de ce pauure peuple qu'il eſt contraint de quitter le labourage, & les manuels exercices dót ils pourroient gaigner leur vie, pour aller faire de ſi longues couruees à leurs deſpens.

Le Seriffe de Fez & Maroc eſt non ſeulement maiſtre & ſeigneur abſolu des biens de ſes vaſſaux, mais encore de leurs perſonnes, les pouuant meſme vendre comme des beſtes quand il luy plaiſt. C'eſt de ceſtui-ci veritablement que pouuoit dire Maximilian, qu'il eſt le Roy des aſnes, non pas du Roy de France: car il foule ſon peuple de telle ſorte, qu'on peut bien dire au prix de ceux-là, que nous ſommes traictez en enfans de la maiſon, & non pas en qualite de ſujets. Ce more donc outre les entrees & ſorties, & autres tributs ordinaires qui regardent le public, tire de chaſque arpent de terre quarante ſouls de noſtre monnoye, autant de chaſque feu,

& ce qui eſt exorbitant, autant de chaſque perſonne. Or regardez maintenant à quoy tout cela monteroit ſi ces actions ſe faiſoient en France. Car reduiſant le contenu du rerroir de la France en arpens, ce qui ſe peut faire par la reduction des lieuës de la longueur & largeur en milles Italiques, & celles cy en arpens, vous en trouuerez beaucoup plus de cent millions, qui ſeroient desja deux cens millions de liures que le Roy tireroit de ce chef. Pour la taille des feux elle monteroit à ſix millions, y ayant trente mille Paroiſſes en France auec clocher, dont Paris n'eſt conté que pour vne, qui peuuent faire trois millions de feux, à cent feux pour Parroiſſe l'vne portant l'autre. Et mettant cinq perſonnes pour chasque feu, fairont quinze millions d'ames, qui est le nóbre que l'on a accoustumé de dóner à la France, lesquels cottisez à deux liures par teste, comme sont les sujets du Seriffe pourroient faire dix millions d'or. Et neantmoins ces deux cens trente-six millions d'argent que le Seriffe tireroit de la France, par forme de taille, s'il en estoit le maistre, est reduite à quinze millions de liures que se monte la taille ordinaire. Ie laisse à part les confiscations tres iniustes, par le moyen desquelles ce Prince barbare succede à tous les biens de ceux qui meurent sans enfans, & de ceux-cy encore en prend-il la tutelle, les entretenant à sa discretion, iusqu'à ce qu'ils sont hommes faicts, & ioüissant cependant de leurs biens? De là vient que les plus riches se sentans approcher de la mort, cachent tout ce qu'ils peuuent de leurs moyés, pour n'estre point exposez à ce decret fiscal.

Pour le regard du Turc, il ne tire point plus de vingt millions d'or de tribut ordinaire de tous ses pays, mais par emprunts, & autres exactions violentes, il donne iusqu'au vif, suyuant que la necessité le requiert. Car le Turc ne se souciant que des armes qui sont de leur nature plus propres à destruire qu'à conseruer, consume entierement ses peuples, pour maintenir ses armees. Tellement que les sujets sçachans bien qu'on leur mâgeroit ce qu'ils pourroient mettre en reserue par dessus leur prouision ordinaire, ne trafiquent ny cultiuent, qu'entant qu'il leur fait de besoin pour leur entretien annuel. Mais pour descharger toute la haine de ces extorsions tyranniques sur les espaules d'autruy, il rançóne cruellement tous ses officiers, ny ayant grade, charge, ny dignité de quelque importance, qu'on puisse auoir de luy sans argent : non que cela soit taxé à quelque somme determinee, mais on y satisfaict par les dons & presens que la coustume a conuerty en vne espece d'obligation necessaire. Les Vaiuodes de Moldauie, de Valachie, & de Transyluanie ne se maintiennent qu'à viue force de presens. Aucun ne retourne de quelque entreprise menee à fin, ny de son gouuernement, les mains vuides : mais il faut faire à l'enuy à qui plus donnera.

Tellement que pour rembourcer ceste despence des donatifs au double, voire au triple, il faut que les particuliers en patissent, & soyent rongez iusqu'aux os.

Il ne faut donc s'estonner si Abraham Bacha gouuerneur du grand Caire en emporta six millions d'or, qu'il auoit rafflez à tort & à droict durant le temps de son gouuernement: car vn chascun tache de faire sõ gasteau tandis qu'il a la main à la paste. Mehemet Visir, & Ochiali auoiẽt amassé des richesses inestimables par les concussions ordinaires qu'ils faisoient au deçeu de leur maistre. Mais tout cela tombe en fin ès mains du grand Seigneur, qui ne manque point quand il les voit bien remplis & gorgez, de leur exprimer comme on faict aux

aux sangsuës tout le sãg qu'ils ont beu, & leur oster bien souuent la vie, pour auoir leurs moyens. Et c'est vne des plus grandes miseres qu'endurent les sujets des Turcs, de ne pouuoir s'asseurer que ce qu'ils ont acquis soit à eux, estans & les biens & la vie exposez aux vanies & confiscations que l'on fonde souuent sur vn pied de mouche.

Les Moscouites sont encore plus mal traictez que les Turcs, car le grand Knez dispose absolument de leurs biens & de leurs personnes. Il tire tout à soy, & ne donne rien, ayant acquis vne telle authorité parmy ses sujets, qu'vn chascun s'estime heureux de pouuoir despendre pour luy, non seulement les biens, mais encore la vie. D'où viens que tous ſes vaſſaux le ſeruent à leurs deſpens. Et ce que vous trouuerez bien eſtrange, les ſoldats meſme qui ne tirent ny gages, ny paye de luy, ſont encore tenus quand ils vont à la guerre de luy donner ſix blancs pour teſte, & autres ſix blancs quand ils retournent. Il ne permet que perſonne trafique hors du Royaume que luy, qui vend par apres les marchandiſes eſtrangeres aux ſiens tout ce qu'il luy plaiſt. Quand les Ambaſſadeurs s'en retournent vers luy, il leur oſte tous les preſens qui leurs ont eſté faicts ez Cours des Princes d'où ils viennent, ne leur en laiſſant que quelque petite choſette, & bien ſouuent rien du tout. C'eſt vne dure condition que d'eſtre ſous la domination d'vn tel maiſtre, & des autres dōt nous venons de parler, au prix de ce que nous sommes en France.

Vous me pourrez obiecter que tous ceux que ie viens de nõmer sont plustost des tyrans que des Roys, & que la plus part non seulement sont barbares, mais encore infidelles, parmy lesquels la Iustice, la discretion, la clemence, ny les autres vertus royalles n'ont point de lieu. Ie passeray donc outre & mettray en ieu, en suitte de ceux cy les autres Rois Chrestiens, afin de voir si leurs subiets sont plus espargnez, & si nous auons de sujet de nous plaindre.

Le Roy de Poloigne pour estre electif à ses morceaux taillez, & ne ioüit que de ce qui luy est taxé par les estats; la plus part de son reuenu, se prenant sur les gabelles tant du ſel que des traictes foraines, mais les ſujets n'en ſont pas mieux pour cela: car il permet que les Gentilhommes rongent leurs vaſſaux à leur diſcretion: ce qu'ils font auec tout excez, n'en deuans eſtre contrerollez de perſonne, & ce pour ſubuenir aux frais qu'il leur faut faire à la guerre, en laquelle ils ſont tenus de ſeruir à leurs propres frais & deſpens. Outre cela le Roy ne laiſſe pas de faire des grandes impoſitions aux occaſions de guerre, leſquelles occaſions ſont ſi frequentes, qu'on les peut quaſi dire ordinaires, ayant touſiours à deſmeler quelque choſe auec le Moſcouite. Or tout cela tombe ſur le pauure peuple, qui doit ſuppleer aux charges tant ordinaires qu'extraordinaires, & porter tout le fais pour ſoulager la nobleſſe.

Le Roy de Dannemarc ſoulage quelque peu les Danois, mais en recompenſe il trauaille merueilleuſement la Noruege, deſpouillant les habitans de leurs biens, & les tenans bas, de peur qu'ils ne leuent la teſte, & ne ſongent à recouurer leur premiere liberté qu'ils perdirent en l'an 1400. auquel ils tomberent ſous la couronne de ce Roy.

Mais le Roy de Suede ſe porte bien encore plus rigoureuſemẽt enuers ſes ſujets: car outre les droicts ordinaires qu'on paye és autres lieux, ils ſont greuez extraordinairement de trois charges. La premiere eſt des couruees qu'il faut qu'ils contribuent au trauail des mines, qui ſont en tres-grãd nõbre, apres lesquelles vne multitude de peuple est iournellement occupée, n'estimant pas leur condition meilleure que de ceux qui sont aux galeres. D'où vient qu'ayans descouuert quelque mine, tãt s'en faut qu'ils l'aillent reueler, qu'au contraire ils n'ont rien en plus grande recommãdation que de la bien cacher, de peur qu'on ne les y employe. La seconde charge est des decimes qu'il faut donner, des grains, des peaux, du beurre, du poissõ, & sur tout du bestial, qu'ils ont en grande quantité, tellemẽt que le Roy aura quelquesfois vingt & trente mille bœufs à sa part, auec lesquels il paye tous les salaires, pensions, & appoinctemens qu'il donne : car pour l'argent, il le veut tout pour luy, &

en faict de grãdes reserues, comme i'ay dit cy dessus. Mais la troisiesme sorte d'exaction est cruelle: car il faut que chascun de ceux qui n'ont pas le moyen de nourrir du bestial, ou ne peuuent ayder le Roy de viures, luy paye en argent, ou autrement la valleur de cinq dales pour si pauure qu'il soit. Si nostre Roy leuoit vn semblable tribut, & que les riches mesme n'en payassent pas plus que les pauures, il tireroit de ce seul chef plus de cẽt cinquante milliõs de liures tous les ans. Adioustez à cecy que les Rois de Suede ne despendent rien pour marier leurs filles: car ses sujets sont tenus de les doter iusqu'à la concurrence de cent mille dales pour chascune, sans y conter les bagues, l'argenterie, & les autres frais du mariage, laquelle somme est tresgrande en ce païs, où l'argent est fort rare: car pour faire cent mille escus il faut vendre cét mille bœufs, qui nous seroit à nous pres de deux millions d'or. Considerons maintenant tout cecy, & voyons combien seroit fascheux en France au laboureur qui à dix bœufs, ou dix vaches d'en dōner vne, & combien plus grief s'il falloit que celuy qui n'a que ses bras pour gaigner tellement sa miserable vie, se vit rançonné à la façon que l'on faict en Suede, & qu'outre cela nous fussions tenus de payer les mariages des filles de France, auec tout l'accessoire du deffray qui monte bien plus que le principal.

Mais approchons de nos terres, & faisons vne reueuë sur les

eſtats qui nous bornent de tous coſtez, la Flandre, l'Allemagne, l'Italie, l'Angleterre, & l'Eſpagne pour voir comme nos voiſins ſont traictez.

Les païs bas que nous appellons autrement les Eſtats, viuans en forme de republique deſpuis qu'ils ont ſecoüé le ioug de la maiſon d'Auſtriche, pourroient-ils ſouſtenir le fais d'vne guerre qui a tant duré, & qui dure encore contre vn ſi puiſſant ennemy que le Roy d'Eſpagne, ſi les particuliers n'eſtoient copieuſement ſeignez, pour deffrayer les groſſes armees qu'ils ont tenu ſur pied la plus part du temps. Le taillon qui ſe leue par toute la France pour la ſolde de la gendarmerie eſt eſtimee vne grand' charge: que ſeroit-ce donc ſi on l'imposoit sur vne seule prouince? Or les Estats de Hollande ioincts ensemble ne font pas la Normandie. Neantmoins ils ne laissent de fonser six fois plus que ne faict ceste Prouince, qu'on tiét estre la plus chargee du Royaume. Aussi n'eussent-ils longuement peu durer en ces excessiues despences, sans le trafic des Indes que les Hollandois ont despuis quelque temps entrepris, lequel ils sont pour oster du tout aux Espagnols, comme ceux-cy l'osterent aux Venitiens.

Pour le regard des Allemans, il ne se peut faire qu'ils ne soyent grandement foulez pour deux raisons, l'vne, qu'ils sont pour la plus part sujets à des seigneurs particuliers, vn chascú desquels voulant faire le Roy, & surmonter ſon compagnon en pompe & magnificence, alors qu'il ſe faut trouuer aux diettes, il ne peut eſtre autrement que le bourgeois & le païſan n'en patiſſe. L'autre pour les grandes & frequẽtes cõtributions qu'il faut faire à l'Empereur, pour l'extraordinaire de la guerre. Ce qui ſe faict à toutes les diettes, où l'on luy accorde de grandes ſommes de deniers, non ſeulemẽt pour la leuee, mais pour l'entretien des armees quelquefois ſi puiſſantes, que Charles le Quint auoit à Vienne contre le Turc quatre vingts dix mille hõmes de pied, & trente mille cheuaux. Et Maximilian II. n'auoit pas moins de cent mille pietons & trente mille cheuaux autour de Iauarin contre le meſme Turc: quels goufres d'or & d'argẽt penſez-vous que ſoient tant de gens.

Passons à l'Italie, & pour n'attedier le lecteur, mettons en blot tous ces peuples dominez de plusieurs Princes, qui veulent tous maintenir leur grandeur, & deffendre leurs droicts en particulier, fut ce contre le plus grãd Monarque du monde, comme les Venitiens qui soustindrent eux seuls vn Pape, vn Empereur, vn Roy de France, & vn Roy d'Espagne liguez ensemble au traicté de Cambray, pour ruiner de fonds en comble ceste republique. Cõme encore de fraische datte le Duc de Sauoye qui a soustenu la guerre cinq ans durãt contre l'Espagnol. Il ne faut point douter que ces Princes dont les estats de plusieurs sont de moindre estenduë qu'vne seule Prouince de nostre France, n'en peuuent tirer les millions, comme ils font, sans serrer le bouton de bien pres, & d'vne autre façon qu'on ne faict icy. Ils ont mille inuentions pour tirer argent de leurs sujets. Les vns prennent le disme de tout ce qui se vend, les autres de tout ce qui entre & qui sort de la ville. Les autres des contracts de donnation, ou d'obligation, comme on faict à Ferrare. Les contracts de mariage & d'achapt payent huict pour cent à Florence, les maisós payent la mesme somme. Le Duc prend la dixiesme partie de tous les loüages des maisons. Tous ceux qui veulét plaider desboursent premierement vne certaine quantité d'argent pour le droict du Prince qu'ils appellent Sportule. Les changes payent vn tant pour cent, il y a vn tribut sur la la naiſſance des maſles. Bref il n'y a choſe aucune ou qui entre, ou qui ſort, ou qui ſe baſtiſſe à Florence qui n'aye, comme on dit ſa clochette.

Ie ſerois trop long, ſi ie voulois particulariſer tous les moyẽs que ces deliés eſprits d'Italie inuentẽt tous les iours, pour faire la multiplication à la foule du peuple, & au contentement de leurs Princes, qui propoſent des prix & recompenſes à ceux qui leur donnent quelque bõ aduis pour trouuer de l'argent, comme faiſoient les Rois de Mede à ceux qui inuẽtoient quelque bonne ſauce, ou quelque ragout. Tant y a que d'vne ſeule choſe vous pourrez facilement cõprendre en general cõbien ces gẽs là ſont greuez au prix des François. C'eſt que la France estant quasi deux fois plus grãde que l'Italie, & ne luy cedãt en riẽ de bonté de terroir, ny de richesses, on n'exige point d'elle la moitié de ce que l'Italie est cõtrainte de donner à ses maistres, qui tirent d'elle plus de vingt millions tous les ans, comme on peut voir par le calcul de ce que chasque Prince tire de son Estat. Argumẽt palpable qui faict toucher au doit qu'elle est quatre fois plus foulee que n'est la France, & que pour vn escu qui se leue icy, on en leue là quatre.

Ie finiray ce discours par l'Angleterre & l'Espagne, que l'õ estime deux Royaumes où les subjects sõt les plus frãcs, & les moins foulez. Mais apres auoir bien cõsideré, on trouuera encore que la cõdition des Frãçois est meilleure.

Et commençant par l'Angleterre, i'y trouue quatre où cinq sortes d'exactions que l'on trouueroit de dure digestion en France. Car premierement dés qu'vn pere de famille vient à mourir, le Roy préd possession de tout l'heritage, pour en tirer l'vsufruict soubs le nom de tutelle, que l'on appelle garde noble, donnant bien peu de chose pour l'entretién du pupille, qui ne peut rentrer dans ses biens qu'il n'aye atteint l'aage de vingt cinq ans: & quand se vient à le marier, il faut composer auec le Roy qui s'y est reserué de grands droicts. Et ce qui rend la condition des pupilles plus miserable, est que ces tutelles s'exercent par des amodiateurs qui en font vn party au Roy, & pour s'y sauuer, voire mesme pour

pour s'y enrichir, n'espargnent aucunement le pupille. Vous me direz que cela n'a lieu qu'à l'endroit de ceux qui ont quelque fief qui releue de la Couronne. Il est vray, mais il y en a vn si grãd nombre que bien peu de gens s'en peuuent exempter. L'autre charge est celle qu'ils appellent de la liuree, qui sõt tenus de payer tous ceux qui releuent du Roy en quelle maniere que ce soit lors qu'ils succedent aux heritages. La troisiesme qu'ils nomment Reluff, consiste en la recognoissance des fiefs, ce qui arriue souuent, & met de grands deniers dans la bource du Roy, y en ayãt vn si grand nombre, que de ceux là seulement qu'on appelle fiefs militaires, on en conte iusqu'à soixante mille.

Mais ce qui regarde le General, & qu'vn chascun ressent en particulier iusqu'au vif, est le donatif que le Roy demande aux estats qu'ils nomment Parlemẽt, lequel il assemble toutes & quantesfois qu'il luy plaist. Or ce ne sont pas des petites sommes qu'il se faict ordonner, pour lesquelles payer dans deux mois apres : car il ne donne pas plus de terme, il faut necessairement trouuer de l'argent, n'en fut-il point en tout le Royaume. Et c'est alors qu'on entant des plaintes de tous costez, pour la violance des exacteurs.

Pour le regard de l'Espagne, elle n'est pas voiremẽt beaucoup greuee de taille ordinaire, mais si l'on espargne les bources, on n'espargne point les personnes : car on les va consumant & diminuãt peu à peu par ces frequentes nauigations des Indes, qui rendront l'Espagne deserte auec le temps. Car il y a cent ans qu'on y enuoye plus de quatre mille hommes par an l'vn portant l'autre, dont la dixiesme partie n'eschappe point, ou les incommoditez de la mer, ou la malignité du climat, où l'on les veut habituer. Ce qui se monstre par experience en ce, qu'on ne sçauroit trouuer en toutes les Indes dix mille Espagnols naturels, & il y en deuroit auoir plus de quatre cens mille. Que s'il faut parler des impositions, il y en a telle en Espagne qui est ordinaire, & qui se leue tous les ans, que l'on trouueroit bien estrange en France à payer vne fois seulemét. Quand il fut question de rachetter le Roy François premier detenu à Madrid, tout le peuple estima faire vn grand effort, & souffrir vne extraordinaire saignee pour faire deux milliós d'or qu'il falloit, & neantmoins la plus haute taxe ne passe pas vingt sols pour teste, tellement que toute l'imposition n'arriue point à dix souls pour chascun, le fort portát le foible. Que diroit on donc s'il falloit auiourd'huy faire pareille somme, non pour vne fois seulement, mais à chasque annee; non pour vne chose si plausible & si iuste, comme est le rachapt de son Roy, mais pour vne chetiue dispense de pouuoir manger de la viande de Samedy, comme on faict en Espagne, où toute personne est tenuë d'auoir la bulle *por los morsillos*, & la payer deux reales : tribut qui rendroit à nostre Roy plus de ſept millions de liures, s'il eſtoit impoſé en France. Mais nous ſommes traictez plus courtoiſemét que cela: car ſi nous iouïſſons en quelques endroits du priuilege d'vſer de beurre, & de laictages aux ieuſnes du Careſme, nous auons cela gratis, & n'en payons rien ny au Roy ny au Pape qu'vn grád mercis. Outre cela le Roy d'Eſpagne tire deux ſouls pour liure de tout ce qui ſe vend & s'achette, qu'il nomme droict d'Alcauala, impoſition onereuſe, & de grand' conſequence. Adiouſtez à cela ceſt impoſt qu'ils nomment du Seruice, lequel de volontaire qu'il eſtoit, a eſté conuerty en charge ordinaire, & le droict qu'il prend ſur la publication des pardons &

indulgences,& quand cela ne suffit,il a recours a quelque extraordinaire croisade,d'où il amasse vn monde de deniers. Si l'Espaigne estoit aussi fertile que la France il n'y a point de doute que le Roy la tondroit a proportion de sa fertilité comme Charles le Quint son ayeul, faisoit du Duché de Milan : car il tiroit plus de ce petit estat que ne faisoit le Roy François premier de toute la France.

En fin tout bien consideré, apres auoir faict vne reueüe par tout le monde, & veu comme les Roys y traictẽt leurs suiects,nous serons contrains de dire viue la France, & les François vrayemẽt francs,pour iouir de tant de franchises, & d'immunitez dont ils ont esté gratifiez de tout temps libres en leurs actions, pour n'estre point œilladez de trop pres, libres en leurs paroles, pour n'estre point contrerollez de l'inquisition comme l'Italie & l'Espaigne : libres en l'accez qu'ils ont à leur Roy, auquel ils peuuent parler bouche a bouche, nó pas auec vne sarbatane comme on faict au Roy de la Chine, & voir a descouuert tous les iours, non pas vne fois l'an, comme on faict le grand Negus qui se tient derriere vn rideau.

Mais laissant ce discours, auquel ie me suis possible plus arresté qu'il n'estoit de besoin: permettez moy de m'acquitter ici de la promesse que i'ay faict cy deuant, qui estoit de móstrer que iamais les Fráçois n'ont esté moins greuez, soit de tailles, subsides, ou autres impositions, qu'ils sont pour le iourd'huy, estans beaucoup plus espargnez sous le Roy d'a present, qu'on n'estoit soubs les autres Rois. Philippes de Cómines dit que Louys vnziesme foula plus ses subjects de tailles & impositiós, que iamais aucun des autres Roys n'auoit faict. Et moy ie dis que Louys XIII. les soulage plus que iamais n'a faict aucun de ses deuanciers. Car d'inferer vne plus grande oppression d'vne plus grande quantité d'argent qui se tire pour le iourd'huy de la France qu'on ne faisoit iadis, n'est pas, comme i'ay dit cy-dessus, vne bonne illation. Attendu que ce moins de lors estoit plus, que n'est le beaucoup de ce temps. Il falloit bien que 4. millions 7. cens mille liures; qui fut le plus que le Roy Louys XI. tira ez dernieres annees, fussent alors beaucoup plus que ne sont à present les trẽte deux que le Roy tire, puis que ceste charge qui seroit maintenant si legere, estoit alors du tout odieuse & insuportable: Si le Roy se pouuoit passer en ce temps, de de quatre millions de liures, il pourroit sans s'incommoder, descharger tout son peuple de tailles, & de là gabelle du sel, qu'on a faict monter à vn si haut prix, car les seules entrees, & autres droicts tirez de la ville de Paris luy pourroient quasi fournir ceste somme. Mais quatre millions de liures à present ne sont guiere plus qu'estoient pour lors quarante mille escus, si l'on doit mesurer l'estimation des choses à raison du temps : car quatorze millions de liures du temps de Charles neufuiesme n'estoit pas guiere plus suiuant l'opinion de Bodin au sixiesme liure de sa republique , que les quatre cens mille que leuoit Charles sixiesme, y ayant autant d'interualle despuis Louys vnziesme iusqu'a maintenant, ce qu'il y auoit despuis Charles sixiesme iusqu'a Charles neufuiesme. Suiuant dóc ceste proportió si le Roy d'a present vouloit autát leuer prix pour prix comme faisoit le Roy Louys vnsiesme , il faudroit qu'il tirat tous les ans cent quarante millions de liures, car ceste somme ne passe point en valleur les quatre millions du Roy Louys vnsiesme au moins suiuant l'opinion de Bodin. Tellement que ce Roy chargeoit trois & quatre fois d'auantage, la France auec ſes quatre millions de liures que le Roy d'a preſent ne faict auec trente deux millions. Mais pour faire voir cecy plus clairement, & monſtrer que ce n'eſt ny par flatterie, ny par maniere de paradoxe que i'aduance ceſte propoſition, ains forcé de la verité meſme qui a plus de pouuoir ſur moy que toute autre conſideration, ie m'en vay eſtaller icy les reuenus des Roys qui ont regné en France deſpuis deux cens cinquante ſix ans, commençant deſpuis Charles cinquieſme dict le ſage qui regnoit l'an mil trois cens ſoixantequatre, iuſqu'a maintenant, par ce qu'il eſt treſmalaiſé de ſe trouuer quelque chose d'asseuré en ceste recherche au dessus de ce temps. Et que ie commence par vn ROY qui se contentoit de peu, & ne chargeoit le peuple comme auoit faict auãt luy Philippe le Bel, Philippe le lõg, & mesme le ROY Iean. Ie sçay bien qu'anciénement nos ROIS se contentoient de leur domaine, & ne leuoient rien sur le peuple qu'en cas de guerre, ou autre necessité, laquelle venant à cesser, les impositions cessoient aussi tost. Le Roy S. Louys, tant pour payer sa rençon pour laquelle il auoit laisse en gage la saincte Hostie à Saladin Roy d'Egypte, comme pour dresser vne nouuelle armee contre les infideles, imposa la taille sur les François: mais elle ne commença d'estre stable & permanente que ſoubs Charles ſeptieſme.

Pour reuenir donc à Charles V. nous trouuons qu'il ne leuoit de la France que trois cens mille liures, ſomme qui ſemble ſi petite en comparaiſon de tréte deux millions ordinaires, qui ſe leuent pour le iourd'huy, qu'on ne le iugera que la centieſme partie du reuenu de ce temps. Mais tout bien conſideré on trouuera que la choſe va tout autremét qu'on ne penſe: Car le domaine du Roy n'eſtoit pas compris à ces cent mille eſcus qui venoient des fermes, des doüanes, & autres droicts lequel domaine montoit à ſept cens mille liures de reuenu, tellement que par ce moyen le Roy Charles iouyſſoit d'vn million de liures par an: Mais quoy dira quelqu'vn, ce n'eſt que la trentiesme partie de ce qui se leue auiourd'huy. Et moy ie dis que ce million ne valoit pas plus que les trente deux millions de ce temps : car en premier lieu la liure de ce tẽps là en valoit quattre des nostres, estant le marc d'argent à cinq liures cinq souls, & celuy d'or à soixante deux liures, comme nous trouuons en la Cour des monnoyes, & maintenant le marc d'argent par l'ordonnance de l'annee mil six cens quatorze vaut vingt liures cinq souls quatre deniers, & celuy d'or deux cens quarãte liures dix souls. Voila donc quatre millions de liures en force de monnoye, dont iouïssoit le Roy Charles V. c'est à dire que ce million en valoit quatre des nostres : mais ce n'est pas tout, car auec ces quatre millions on faisoit autant ou plus que l'on fait maintenant auec trente : Ce que ie preuue par le prix du bled du vin, de la chair, du drap (qui sont les choses les plus necessaires à la vie) le conferent auec celuy d'apresent : l'an 1509. fut faite vne constitution de rente en bled froment, à raison de dix souls le septier. C'estoit soubs le Roy Louys douziesme ou les dix souls n'en valloient guiere plus de seize des nostres, & par consequent reuenoyent à quatre souls de ceux de Charles cinquiesme, maintenant le fourment vaut trente-deux souls du Roy Charles, & six liures huict souls de nostre mõnoye, d'où l'on peut voir qu'il faut maintenant huict fois plus d'argent pour mesme quantité de bled, qu'il ne falloit alors. Pour le regard du vin, nous l'auons veu cy dessus au coustumier d'Anjou à 24. souls le muy au temps où ces vingt quatre souls ne sçauroyent valoir plus de quarante souls de nostre monnoye, qui reuiendroient à dix souls du temps de Charles cinquiesme. Il vaut maintenant dans le mesme pays seize & dix-huict liures, on ne donnoit donc pas plus d'argēt alors pour huict muys, que nous en dōnons maintenant pour vn seul. Le mouton gras auec la laine estoit au mesme tēps à cinq souls, qui en peuuent valloir huict des nostres, & deux du temps de Charles cinquiesme, il vaut maintenant sur le lieu soixante & quatre souls pour le moins. Voila encore huict fois plus d'argent qu'il ne couste.

L'aulne

L'aulne en fin du meilleur drap de Paris ne valloit que quinze ſouls en ce meſme temps, qui peuuent reuenir à vingt quatre des noſtres, & à ſix du Roy Charles V. elle ſe vend maintenant neuf francs & demy, c'eſt à dire huict fois d'auantage. Qu'infere-ie donc de cecy; c'eſt que les quatre millions du Roy Charles reuenoient à trente-deux millions, & valloyent huict fois plus que ne font quatre millions d'a preſent, & que le Roy ne faict pas plus auec les trente-deux milliõs qu'il tire que faiſoit ce Roy là auec ſon million equiualent à quatre million des noſtres, en force de monnoye: Mais quoy direz-vous ceſte cherté de viures (s'il la faut ainſi appeller) n'empeſche pas que le Roy ne iouïſſe à present de beaucoup plus de reuenu que ne faisoit le Roy Charles, & qu'il n'en soit plus riche & plus pecunieux. Cela seroit bon s'il ne falloit faire autre chose qu'accumuler, sans iamais despendre. Mais la despense qu'il faut necessairement faire demande maintenant plus d'argent ne permet pas que le Roy d'a present soit plus riche ny plus commode que ceux du temps passé son reuenu n'ayant augmenté qu'en nombre & non pas en valleur: car si le vin coustoit vn sou la pinte au Roy Charles, le Roy d'a present l'achette à huict souls, si l'vn mangeoit le chappon a deux souls, l'autre l'achette seize, & ainsi consecutiuement de toutes les autres despences, d'ou s'ensuit que si la despence de bouche du Roy ſe monte a preſent quatre cens mille liures par an, comme on peut veoir par l'eſtat de la Chambre aux deniers, le Roy Charles cinquieſme la pouuoit faire auſſi ſplendide & auſſi opulente pour douze mille & tant de liures de ſa monnoye, & pour cinquante de la noſtre, c'eſt à dire auec huict fois moins d'argent qu'on ne faict a preſent. Et ſi la garde-robbe gages des officiers de la maiſon du Roy auec les menus, couſtent au Roy d'a preſent huict cens mille liures, que la meſme deſpence n'en eut couſté que cent mille au Roy Charles cinquieſme, Et la meſme raiſon ſe doit aux autres deſpenſes, ſoit pour l'entretenement des gens de guerre, ſoit pour les gages des officiers des finances & de la Iuſtice, de maniere que ſi le Roy prend des mains de ſon peuple en plus grãde abondance, il reſpend auſſi plus abondamment, & par ainſi tout reuient à vn : car ſi la grande quantité d'or & argent que nous auons maintenant en a fait raualler le prix dans l'eſtime des hommes, il faut bien que le nõbre ſupplee à la valleur, autrement il n'y auroit nul moyen de viure. Car ſi vous voulez reduire à preſent le Roy au million du Roy Charles cinquieſme, qui en valloit quatre des noſtres, vous trouuerez qu'apres auoir payé les gens de guerre tant de pied que de cheual, qu'il faut neceſſairement entretenir, & dont on ne ſe peut aucunement paſſer, il ne resteroit rien au Roy, ny pour viure ny pour vestir, & quand il en resteroit pour cela, d'où se prendront les gages de ses officiers, d'où l'entretenement de ses places, pour les fortifications, d'où les frais des ponts & chaussees, d'où ceux de ses galeres, d'où l'appennage, & les pensions des Princes de son sang, & d'où celles qu'il faut donner aux Suisses, & autres estrangers, d'où les appointemés des Ambassadeurs tant ordinaires qu'extraordinaires, & mille autres despences necessaires qu'il faut que le Roy face, pour le bien mesme de son estat.

Venons maintenant au Roy Charles sixiesme. Il leuoit vn tiers plus que son predecesseur, la mónoye estant de pareille force, & les viures au mesme prix, d'où ie concluds que si Charles V. tiroit de son temps ce qui valloit trente deux millions de liures des nostres, que ce Roy en leuoit quarante & deux, & par consequent dix millions de plus que ne faict le Roy d'a present. Aussi Bodin a bien osé dire que quatre cens mille liures du temps de Charles sixiesme valloient autant prix pour prix que quatorze millions du Roy Charles IX. comme i'ay remarqué cy-dessus, proportion neantmoins qui me semble excessiue. Charles VII. auoit vn million & sept cens mille liures de reuenu, ie veux bien qu'on y cóprenne encore son Domaine, c'estoit tousiours cinq milliós pour le moins de nostre monnoye: car le marc d'argent de ce temps n'estant qu'à sept liures dix souls, vn ſou de ce temps-là en valoit bien pres de trois des noſtres. Or les viures n'eſtans à plus haut prix que ſoubs Louys douzieſme & gardans la proportion d'vn à huict que nous auons cy deuant obſeruee, nous trouuerons encore que ces cinq millions reuenoient à quarante des noſtres. Voila huict millions encore de plus qu'on ne tire à preſent.

Louys vnzieſme leuoit ſur les derniers ans quarante ſept cens mille francs, pour vſer de la façon de conter du ſieur d'Argenton en ſon hiſtoire. Ceſte ſomme venoit en force de monnoye à prez de douze millions des noſtres: car le marc d'argent de ce temps n'eſtoit qu'à huict liures quinze ſouls, qui eſt maintenant à 20. liures 5 s. Laissás le prix des denrees à la proportion ordinaire d'vn à huict, nous trouuerons que douze millions du Roy Louys vnziesme en valoyent nonante six des nostres, & quand nous le voudrions reduire au sextuple, encore trouueriós nous la valeur de septante deux millions. Ie dis au sextuple, parce que le mesme Domaine qui rendoit alors vn million de liures à ce Roy, cóme tesmoigne Philippe de Comines, rend maintenant plus de six millions aux particuliers qui le tiennent en engagement. Et faut bien dire qu'auec peu d'argent on faisoit pour lors bien des choses; car nous trouuons en la cronique du mesme Roy Louys vne lettre qu'il escrit au Comte de Dompmartin grand maiſtre de France, qui luy demãdoit de l'argent pour payer l'armee qu'il auoit contre le Duc de Bourgoigne, luy reſpondant qu'il s'eſtonnoit fort comme il manquoit d'argent pour faire monſtre, veu qu'il luy auoit enuoyé deux mille francs deſpuis peu; Or ceſte armee eſtoit de ſix cens lances, qui faiſoient trois mille ſix cens cheuaux, & de vingt mille hommes de pied. A combien donc deuoit eſtre la ſolde, ſoit du gend'arme ſoit du pieton, puis que deux mille liures eſtoyẽt iugees capables de payer vne armee qui ne ſuffiroyent pas pour vne monſtre à vne compagnie de cinquante cheuaux legers, qui tirent auiourd'huy quarante francs par mois. C'eſtoit donc beaucoup que les quatre millions ſept cens mille liures du Roy Louys XI. & ne m'eſtonne pas ſi Philippes de Commines dit qu'il chargea merueilleuſement ſon peuple. Car au conte que nous venons de faire, il tiroit de la France deux fois & demy plus que ne faict le Roy d'a preſent. Auſſi auoit-il deliberé de moderer l'excez de ces impoſts, comme fit ſon fils Charles huictieſme, qui les reduit quaſi à la moitié, laquelle moitié neantmoins reuenoit encore à beaucoup plus que ce dont le Roy ioüyt maintenant.

Mais que dirons nous de ce bon Roy Louys douzieſme de celuy qu'on nommoit le pere du peuple, qui laiſſa la France pleine d'or & d'argent, ie m'aſſeure que les François ſe contenteroient de trouuer en ce temps la douceur de ſon regne. Et ie m'offre neantmoins de monſtrer, que nous ſommes encore moins foulez ſoubs noſtre Roy Louys, qu'on n'eſtoit ſoubs Louys vnzieſme. Ce ROY, comme nous font foy les receptes de ce temps-là leuoit quatre millions & demy de liures qui en valoient bien ſix en force de monnoye, le marc d'argent n'eſtant qu'à vnze liures l'an 1507. Les viures, les denrees & marchandiſes, comme nous auons veu cy-deſſus, ſe donnoyent pour ſi peu d'argent, qu'à raiſon de ce qu'elles nous couſtent pour le iourd'huy, ces ſix millions reuenoient à plus de 40. des noſtres. Et le Roy n'en tire que trente-deux à qui dōc plus iuſtement appartient le nom de pere du peuple eu à Louys XI. ou à Louys le Iuste.

Le Roy François premier leuoit neuf millions de liures qui en force d'argent en pouuoient valoir quinze : Car le marc d'argent n'estoit qu'à douze liures dix souls l'an 1519. Les choses se vendoyent trois fois moins qu'elles ne sont à present : concluez donc que ces quinze millions reuenoient à quarante cinq de ce temps. Voila donc le peuple espargné de treze millions plus qu'il n'estoit soubs le Roy François.

Henry second leuoit dix-huict millions de liures, qui en valoiét vingt deux & demy des nostres, le marc d'argent estant à quinze liures l'an 1549. Or toutes choses ayant doublé de prix despuis ce temps là, comme on peut voir par les exéples qu'apporte Maleſtroit en ſon Paradoxe, il faut que ces vingt-deux millions & demy en valuſſent quarante cinq des noſtres. Voila donc le peuple ſoulé quaſi d'vn tiers ſoubs Henry ſecond plus que ſoubs noſtre Roy.

Pour le regard de Charles IX. Bodin ne luy donne que quatorze millions de liures, & neantmoins il ſe trouue qu'il en leuoit vingt & vn, ſinon que l'autheur ſuſdit euſt voulu conter ſeulemét ce qui entre à l'eſpargne, qui eſt touſiours vn tiers moins ou enuiron de ce qui ſe leue. Ces vingt & vn millions donques en valent vingt & ſix des noſtres en force de monnoye, le marc d'argent eſtant à quinze liures 15. ſouls l'an

1561. Or quand le prix des choses n'auroit monté despuis ce temps-là que d'vne moitié, encore trouuerions-nous que ces vingt & six millions en valent tréte-neuf de ceux de ce temps, qui est sept millions de plus que le Roy ne tire.

Henry troisiesme leuoit trente millions de liures, qui en valoit trente & trois en force de monnoye, le marc d'argent estant à dix & huict liures l'an 1575. Despuis ce temps tout s'est renchery pour le moins d'vn tiers, pour parler au sens du vulgaire. Ces trente & trois millions doncques en valloyent quarante & quatre des nostres, & voila vnze milliós de sauuez.

Henry quatriesme ne tiroit pas de la France annuellement

moins de trente trois millions, & est arriué quelque fois iusqu'à trente & six, quand il n'y auroit rien de changé icy en la force de la monnoye, ny au prix des denrees & marchandises, comme il n'y a quasi point excepté que le marc d'or par l'ordónance de l'an 1514. a augmenté de 37. liures 4. souls, si est-ce toutesfois que les reuenus ordinaires du Roy d'a present, sont quelque peu moindres que n'estoient ceux du Roy son pere, pour le moins en ce qui concerne les tailles: car les fermes peuuent auoir augmenté par l'enchere des partisans.

Par tous lesquels exemples on peut voir que les autres Roys tirans moins en quantité d'argent, ne laissoyent pas d'auoir plus en valeur, & que le païsan n'estoit pas moins foulé pour lors à dóner vn teston, qu'il est maintenant pour dõner deux escus: car vn septier de bled en peut faire aussi bien la raison maintenant que pour lors; & si l'artisan ou manœuure est pour le iourd'huy cottisé au triple & au quadruple, voire si vous voulez dix fois plus qu'on n'estoit alors, aussi vendent-ils maintenãt leurs iournées & leurs trauaux dix & douze fois plus cher que ne faisoient les autres, & si ne font pas de si bonne & loyalle besoigne. Que si neantmoins il leur semble que ceste plus grande quantité de deniers les greue, qu'ils abbaissent le prix des choses qu'ils vendent au ROY, & le ROY ne fera

point

point de difficulté de faire abbaiſſer leur taux qu'ils donnent au Roy le chappon à deux ſouls, le muy de vin à demy eſcu, le cẽt de foin à vn quart d'eſcu, comme on faiſoit du temps de ces autres Rois. Que le ſoldat ſe cõtente de demy eſcu de paye, le Chancellier de huict ſouls par iour, le manœuure de ſix deniers. Et le Roy ſe contentera de ce que leuoit le Roy Louys douzieſme, nonobſtant qu'il y aye beaucoup plus de charge, ayant outre le grand nombre d'officiers & de penſionnaires, à payer encore les debtes d'autruy, qui luy roignent ſix milliõs tous les ans de ſon reuenu, ne luy en reſtant que vingt & ſix qui ne valent pas à beaucoup prez les quatre millions &

demy du Roy Louys douziesme, & qui se reduiroyent encore à dix & neuf s'il ioüissoit du Domaine que ses predecesseurs luy ont engagé.

Or tant s'en faut que ie mette en auant ces considerations, pour esmouuoir le Roy à croistre & augmenter les imposts qu'au contraire i'ay contribué de ma part à trois expedians que l'on donne à la descharge du peuple. Le premier est de soulager les Prouinces trop onerees de tailles, le second de rejetter sur le fort, ce que le foible porte de plus qu'il ne peut & ne doit; le troisiesme, de faire en sorte que les armees marchans par la France, ne soient nullement à charge aux bourgs & villages par où elles passent, rappellant pour ce faict l'ancienne discipline militaire, ou les soldats ne viuoient point à discretion, cóme ils font maintenant au detriment du bon homme lequel ils ruinent plus en trois iours que ne fait la taille en dix ans. I'entends qu'il y en a encores vn quatriesme qui regarde le rachapt du domaine du Roy, & des rentes constituees, qu'on estime estre sans aucune foule du peuple, mais plustost au soulagement d'iceluy, apres auoir faict ce rachapt. Que si le peuple ressent quelque oppression, le Roy ne s'en trouue pas trop accommodé pour cela, soit ou pour les grandes charges qu'il luy faut supporter, soit que ce qui se leue passe par tant de mains.

Qu'on cesse donc de crier, & de se plaindre à tort contre le Roy, comme ont accoustumé de faire plusieurs mal entendus qui trouuans dans l'histoire de France les reuenus de nos Roys à vn million & demy, ou encore a des moindres sommes, font vn parallelle tres inique & iniuste, auec ce qui se leue à present, sans entrer en consideration, ny de l'affoiblissement de la monnoye au sextuple, ny du surhaussemẽt des denrees à pres du decuple, prouenuë despuis cent & tant d'ans, par la grande quãtité d'or & d'argent, qui est venuë en France: Car auec tous ces millions que le Roy tire à present, il se trouue tousiours incommodé, & ne voy pas qu'il aye le moyen de faire ces grandes liberalitez que faisoyent les Rois ses deuanciers, ny ces despenses vrayement Royalles, qui paroissent encore aux bastimens des Palais & des Eglises si superbes & magnifiques, en la fondation de tant d'Abbayes, monasteres, Colleges, & Hospitaux, pour lesquels bastir & fonder, on faisoit plus alors, s'il faut ainsi dire, auec les milliers qu'on ne faict maintenant auec les millions. Et de faict il faut bien que ces sommes que nous trouuons petites en nombre, fussent bien grandes en valleur, puis qu'auec ce peu qui se leuoit pour lors, nos Rois ne laissoient pas de faire aussi belle despence comme ils font maintenant : Car leur maison & leur equipage alloit tousiours son train, & s'il faut venir à l'extraordinaire, ils e-ſtoient plus ſplendides & de-ſpenciers, ſoit ez baſtimens, ſoit ez bals & feſtins & autres ma-gnificences publiques, où rien n'eſtoit eſpargné. Combien couſterent les baptiſailles du Daulphin fils de François pre-mier, qui naſquit à Amboiſe, où l'on fit des triomphes qui n'a-uoyent iamais eſté veuës aupa-rauant. Combien les nopces de Magdaleine fille de France, ma-riee à Iacques Roy d'Eſcoſſe. Combien l'appareil du bãquet du Roy François I. quãd il trai-cta le Roy d'Angleterre à Ar-dres: ayant dreſſé en plaine cam-paigne du ſoir au lendemain vn grand Palais auec chambres, ſal-les & galeries, le tout de velours parſemé de fleurs de lys d'or, qui ne deuoit ſeruir que pour vn diſner. Que dirons-nous de ce grand vaiſſeau que fit faire le meſme Roy au Haure de Grace, armé de cent canons de batterie. lequel ſe bruſla par malheur dans le port, auant qu'auoir rien faict. Les funerailles du Roy Charles huictieſme reuindrent à 45. mille francs, qui vaudroyent à preſent toutes choſes reduites aux proportiós cy deſſus mentionnees plus d'vn million. Combien deuoit couſter ceſte grande charpenterie que fit faire le Conneſtable de Cliſſon pour l'entrepriſe d'Angleterre, faiſant porter ſur mer des murailles de bois, & des maiſons toutes faictes, tant pour la cloſture du camp, que pour le logement du Roy, & des principaux de l'armee. Mais dequoy pouuoit on deffrayer tant de gens de guerre qui estoient tousiours sur pied, en bien plus grand nombre que n'est maintenant la milice ordinaire? Car François premier institua les legionnaires au nombre de cinquante mille hommes de pied. Il ne faut point douter que tout ne fut aux despens du peuple, qui pouuoit bié entretenir plus de gens auec moins d'argent, mais non pas auec moins de foule, comme il est aisé de comprendre, par ce que nous auons dit cy dessus.

Que s'il faut venir a l'extraordinaire, & parler des armees qui se faisoyent pour lors si souuent, soit pour deffendre, soit pour attaquer, nous trouuerons nos finances bien courtes, pour en deffrayer ſeulement la moitié.

Philippe de Vallois ſecourut Tournay aſſiegee par les Anglois auec cent mille hommes combattans. Charles ſixieſme en auoit autant ſoubs les drappeaux deuant Bourges. Et pour parler des armees Naualles, le meſme Roy ſe trouua auoir a l'Eſcluſe & Blanquerge 487. vaiſſeaux, outre 72. que le Conneſtable luy ammenoit qui faiſoient en tout cinq cens cinquante neuf. Toute la chreſtiété ſeroit en peine de mettre pour le iourd'huy ſur la mer tát de voiles: car le Roy d'Eſpaigne qui penſoit auoir faict le plus grand effort en l'armemét qu'il fit contre l'Angleterre 1588. ne peut iamais faire que trois cens cinquante voiles, contant gallions, galeres, galeasses, Hourques & Chaluppes, tant de siennes que de ses alliez. Et ne sçay si le Turc pourroit arriuer à si grand appareil. Tout cela se pouuoit-il faire sans vne indicible despence, & sans vne extraordinaire foule du peuple? Aussi vint-on aux extremitez, pour soustenir cest effort. Car les plus riches du Royaume furẽt taxés au tiers de leurs biens, les autres à la moitié, & beaucoup de gens payoiẽt plus qu'ils n'auoiẽt vaillant. Appellez-vous cela faueur & soulagement. Et toutesfois le Roy soubs qui cest impost se leuoit, a esté appellé le biẽ-aymé. Cõme deuons-nous dõc appeller nostre Roy, qui n'a iamais exigé des siens, mesmes aux plus vrgẽtes necessitez, chose approchante de la centiesme partie de cela? non seulement certes le biẽ aymé, mais l'amour & les delices du genre humain, qui estoit le cõmun eloge qu'on donnoit au bon Empereur Titus fils de Vespasian. Que si par fois le peuple sent la foule, & à quelque sujet de se plaindre, cela ne vient pas tant des sommes qu'on exige, comme des voyes qu'on tiẽt pour les leuer, où la iustice distributiue n'est pas obseruee, suyuãt la proportion harmonique, ou geometrique, c'est à dire le fort portant le foible, mais par l'arithmetique, prenant autant du pauure que du riche comme on faisoit à Rome auant le regne de Seruius Tullius, ainſi qu'eſcrit Denys d'Halicarnaſſe. Voire meſme il arriue ſouuent qu'en aſſoyant les tailles, l'on deſcharge les riches ſur les pauures, qui eſt vne grande iniuſtice. Et ce qui rend le fardeau plus peſant, eſt la deſcharge des villes priuilegees qui ſont ordinairement les plus grandes & les plus peuplees, au preiudice des moindres. Et de certaines Prouinces qui payent au triple, voire au quadruple des autres, comme eſt la Normandie: car les receptes de Roüen & de Can payent quaſi le quart des charges de la France, eſtans les pauures païſans contraints en pluſieurs lieux d'abandonner leurs terres, & quiter le pays pour ne pouuoir reſiſter aux taux des ſubſides mal partagez

Et certainement si la proportio geometrique estoit obseruee, le fort portant le foible, comme il se faict en Hollande, à Venise, & en plusieurs autres lieux, les pauures ne payeroient quasi rien, & les riches ne seroient pas beaucoup foulez : attendu que gardant la proportion Aritmetique, & cottisant esgallement le pauure & le riche, la taille auec le taillon, aydes, & creuës, qui monte a quinze millions de liures, ne reuiendroit à l'an qu'à vingt souls pour teste, & à deux carolus le mois, à raisõ de quinze millions d'ames qu'il y a en la France, charge que le moindre gueux peut aisément supporter, & que l'on n'eust peu croire de prim-abord. Mais les pleintes ne cesseront iamais iusqu'à ce que les esleus garderont la iustice distributiue dans leurs iurisdictions, & les assieurs des tailles dans leurs Parroisses sans faueur, ny acceptió de personne à quoy l'on est apres de mettre ordre, & oster les abus qui se commettent à leuer les quartiers. L'Empereur Auguste auoit ordonné de tresgrieues peines aux collecteurs, & autres officiers du tribut, s'ils exigeoient plus qu'il ne leur estoit enioint. Car il s'en trouuoit par fois de si impudens qu'ils ne faisoient point de difficulté d'allonger ou accourcir (s'il faut ainsi dire) les estriuieres au temps, comme bó leur sembloit, faisans tátost l'an de dix mois, cóme celuy de Romulus, tantost de quatorze, cõme auoit introduit en la Gaule vn certain Licinius, duquel parle Dion, tirant par ce moyen deux termes reels pour deux mois imaginaires. Ce qu'estant venu à la cognoissance d'Auguste, il fit comme le renard: car pour sauuer le corps il y laissa la queuë donnant à l'Empereur tout ce qu'il auoit de bien ou de mal acquis. Lisez seulement l'histoire de France, & remarquant les plaintes, mutineries, & seditions que les frequéts imposts & subsides ont causé soubs le regne de diuers Rois, vous trouuerez que c'est vn siecle d'or que le nostre, au prix de ceux qui ont passé.

Philippe le Bel voulut auoir le cinquantiesme de tous les biens, tát des lais que des Ecclesiastics. Philippe de Valois affoiblit tellement la monnoye, que d'vne bonne piece on en faisoit cinq

mauuaises du mesme prix. Charles cinquiesme, dit le Sage, imposa vn sou pour liure sur la véte de toute sorte de denrees. Et à Paris le quart du vin qui se véd en broche, dont on ne paye à present que le huictiesme. Le Roy Iean auant sa prise r'enuia cest impost iusqu'à vingt deniers sur liure de toute chose venduë. Tous gentils hommes, Prelats, bourgeois & marchans de cent liures de rente en donnoient quatre francs. Et les artisans, laboureurs, & autres qui n'auoyent nul heritage ou rente, payoit chascun dix souls. Mais Philippe le Long voulut bien donner plus auant dans le vif, demandant le cinquiesme, non du reuenu, mais du bien d'vn chascun, tellemét que qui auoit [illegible] cent

cent escus de rente en fonds de terre, deuoit finer huict cens escus au Roy. Faictes à ceste heure vn parallele, & mettez le fardeau de ces gens d'vn costé, & le nostre de l'autre, & vous verrez qui sera plus greué: car il ne s'agit pas icy des sommes de deniers en espèces, on prenoit le vingtiesme, le dixiesme, & iusqu'au cinquiesme des moyens d'vn chascun, qu'ils montassent moins en quantité d'argēt qu'ils ne font maintenant, cela n'y fait rien, c'estoit tousiours le quint ou le tiers, comme tira Charles sixiesme armant contre l'Angleterre. Or regardez que c'est que le tiers des moyens; c'est à dire que qui auoit quatre mille liures de rente deuoit payer quarante mille francs à la fois, mettant au denier trente le reuenu qui eſt en fons de terre, comme il vaut ordinairement.

Ces exemples,& pluſieurs autres, que i'obmets à deſſein, ne conſiderent point ceux qui diſent iniuſtement, & à tort, que les charges du peuple ont accreu à meſure que le reuenu du Roy s'eſt augmenté en nombre & quantité d'argent. Mais la raiſon les dement, l'hiſtoire les reprend,& le temps paſſé les accuſe d'iniuſtice,& d'ingratitude, abuſans de la douceur & bonté d'vn Roy qui ſe foule pour les eſpargner, & qui ne veut baſtir ſa felicité ſur la ruine des ſiens, faiſant comme ceſt Empereur qui tenoit pour fauſſe monnoye celle qui ſe tiroit des larmes, & de l'oppreſſion du peuple, ſçachant bien qu'il ne peut estre riche, si ses sujets sont pauures & que tous ses thresors ne vienent d'autre mine que de l'opulence de son Royaume, de laquelle il est bien raisonnable qu'il se ressente, puis que c'est luy qui l'a causé par le moyen de la paix, de l'asseurance, & de la liberté qu'il donne à ses sujets de profiter de son bien: car la France est à luy, ses deuanciers l'ayant conquise à la pointe de l'espee, ne s'estans reseruez que certains droicts, plustost pour la tuition & deffence du peuple, que pour leur particulier interest: car si le Roy paye des garnisons, s'il entretient des places fortes sur les frontieres, s'il faict fondre des canons, s'il employe de l'argét pour les ponts & chaufſees, vous voyez bien, ô François que tout cela n'eſt que pour voſtre commodité: Voudriez vous donc que le Roy euſt tout le ſoin & la peine de vous maintenir aſſeurez dedans vos maiſons, à ſes propres couſts & deſpens, ſans y vouloir contribuer du voſtre? Mais auec quoy le pourroit-il faire, puis que vous tenés ſon domaine que ſes deuanciers vous ont engagé pour vous defendre, & tenir l'ennemy loing de vous. Neron, à ce que dit Tacite, voulut quitter vne fois tous les tributs, & autres reuenus qu'il tiroit de l'Empire Romain, mais le Senat s'y oppoſa, diſant que cela ne ſe pouuoit faire ſans la totale ruïne de l'Eſtat. Charles ſixieſme le fit au commencemẽt de ſon regne, mais cela ne dura pas trois mois. Ie ſçay bien que apres la victoire de Macedoine le peuple Romain fut deliuré du tribut ordinaire, comme raconte Valere le Grand : mais ce fut d'autãt que Paul Emile remplit la ville de Rome d'or & d'argent dont il auoit deſpouillé la Grece, & vne partie de l'Aſie.

Si la France auoit des mines d'or & d'argent ſi fecõdes qu'elles puſſent fournir à toutes les deſpences tant ordinaires qu'extraordinaires, il n'y a point de doute que le Roy ne demanderoit rien à ſon peuple, eſtãt porté pluſtoſt à la diminution, qu'à l'augmentation des ſubſides. Louys le Sainct a le premier introduit les tailles en ce Royaume, & Louys le Iuſte iſſu de ceſte Saincte branche, ſera le premier qui les oſtera, quand il aura retiré ſon Domaine. Ce que l'on doit attendre de ſa bonté, lors que le calme d'vne profonde paix dont il iette les fondemens, comme vn ſecond Auguſte, rendra ſes eſtats auſſi floriſſans qu'ils eſtoient ſur le dernier aage de Charlemagne. Viſant pluſtot à la gloire de maintenir, accroiſtre & meliorer auec l'amour des peuples, ce que Henry le Grand luy a iuſtement acquis & laiſſé que de paſſer à nouuelles conqueſtes par les ruines de ſes ſujets. Affin que comme Octauian Auguſte ſe ventoit d'auoir faict ROME toute de marbre, laquelle il auoit trouuee baſtie de terre. Noſtre Louys puiſſe dire àuoir faict la France toute d'or, laquelle il auoit trouuee de fer, c'est à dire armee de discordes, & rebelliós qu'il a pacifié auec la Prudence qui luy est naturelle, & le bonheur dont le Ciel fauorise ses iustes intentions, lequel ie prie de tout mon cœur luy continuer soubs les auspices & sages conseils de celuy qui ne respirant que l'honneur des lys, & le bien de l'Estat, porte l'esprit du ROY àu repos & soulagement de son peuple.

FIN.

www.ingramcontent.com/pod-product-compliance
Ingram Content Group UK Ltd.
Pitfield, Milton Keynes, MK11 3LW, UK
UKHW021903260726
13966UKWH00006B/406